8°O³n
112

LES VAÏ

LEUR LANGUE

ET LEUR SYSTÈME D'ÉCRITURE

PAR

MAURICE DELAFOSSE

Administrateur stagiaire des Colonies,

Ex-agent consulaire de France à Monrovia (Libéria).

Extrait de « L'Anthropologie ».
Tome X, p. 129 à 151 ; p. 294 à 314.

PARIS

MASSON ET Cⁱᵉ, ÉDITEURS

LIBRAIRES DE L'ACADÉMIE DE MÉDECINE

120, BOULEVARD SAINT-GERMAIN

1899

LES VAÏ

LEUR LANGUE ET LEUR SYSTÈME D'ÉCRITURE

PAR

MAURICE DELAFOSSE

Administrateur stagiaire des Colonies,
Ex-agent consulaire de France à Monrovia (Libéria).

I. — LE PEUPLE VAÏ.

1° Habitat. — Les Vaï (1) habitent presque exclusivement une bande de territoire large de 75 kilomètres et profonde d'environ 120, comprise entre la rivière de Half-Cape-Mount (République de Libéria) et la rivière Soulimah (colonie de Sierra-Leone).

On rencontre aussi quelques agglomérations vaï autour de Monrovia, mais elles sont de date relativement récente et se composent, soit de quelques traitants originaires de la région de Cape-Mount qui sont venus s'installer près de Monrovia pour les besoins de leur commerce, soit d'esclaves qui se sont sauvés de chez leurs maîtres

---

(1) Le nom de ce peuple se rencontre dans les ouvrages géographiques et linguistiques avec des orthographes diverses. Les Anglais et les Américains l'écrivent *Vey, Vei, Vy, Vie, Vahie* ou même *Vesey*; les Allemands l'écrivent *Vahi* ou *Vei*; les Français *Veï* ou *Vaï*. Les orthographes *Vy* ou *Vie* en anglais, *Vei* en allemand et *Vaï* en français sont les plus conformes à la prononciation. Cette prononciation cependant n'est pas toujours identique; on entend tantôt *Vaï* prononcé en une seule syllabe (comme le mot français « vaille »), tantôt *Va-i* prononcé en deux syllabes, quelquefois même *Vè-i*. En écriture indigène ce mot s'écrit au moyen des deux caractères *va* et *i*. Le nom de la langue est *Vèu* (vè-ou).

1

et, réfugiés auprès des Libériens, se sont employés comme travail-
leurs dans les exploitations agricoles de ces derniers, ont fait souche
dans le pays et ont fondé de petits villages. D'ailleurs, et par suite
même de l'origine de leurs habitants, — les esclaves étant presque

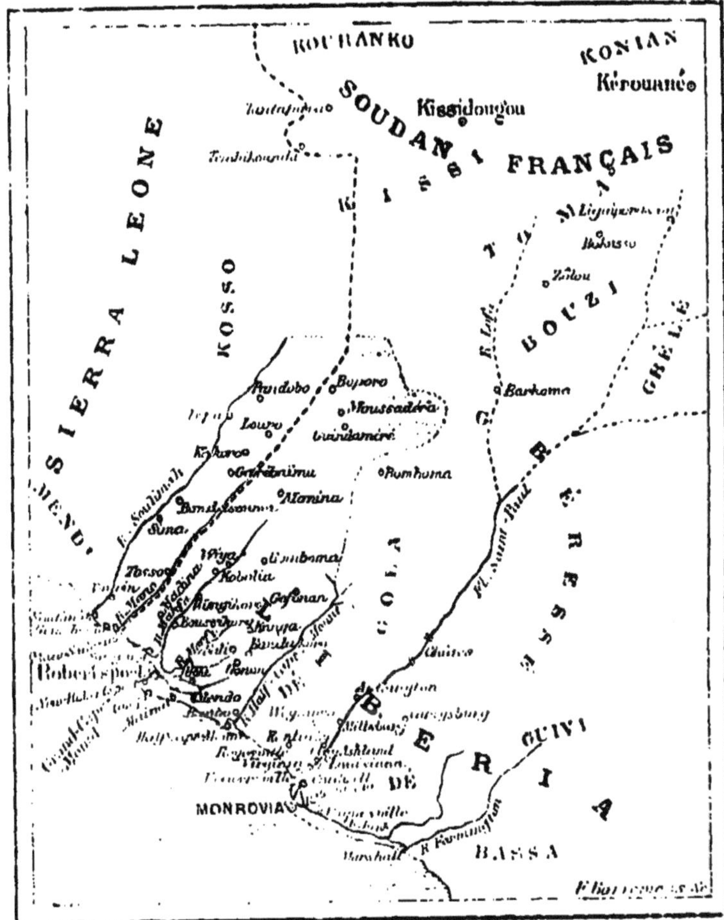

en totalité des étrangers, — la population de ces villages est très
mélangée : on y trouve, outre des Vaï de souche plus ou moins
pure, des Mandé du Kouranko, du Kissidougou, du Mania et du
Konian, des Gbéressé, des Dé, des Guivi (ou Gibby), etc.

Les voisins des Vaï sont : au nord-ouest les *Kosso* et les *Mendi*,
au nord les *Kissi*, au nord-est les *Gbéressé* (ou Kpessy), à l'est les
Gola et au sud-est les *Dé*. Au sud-ouest la frontière est constituée
par la mer.

2° **Ethnologie**. — Sans aucune contestation possible, les Vaï appartiennent à la grande famille des *Mandé* ou Mandingues (1). Alors même que leur langue, très voisine des dialectes des *Bamana* (ou *Bambara* du haut Sénégal et de Ségou), des *Malinké*, des *Ouassoulounké*, des *Koniankan*, des *Dyoula*, etc., ne serait pas là pour démontrer l'étroite parenté des Vaï avec les autres Mandé, il suffirait d'étudier leurs caractères physiques, intellectuels et moraux, leur état social, leurs manifestations extérieures, pour reconnaître en eux les très proches parents des Mandé du haut Niger et de la Boucle.

Ils ne forment actuellement qu'une tribu assez peu importante, mais ils ont dû avoir autrefois une situation politique plus considérable, à l'époque des grandes migrations vers le nord-est des peuples mandé du sud. Lorsqu'il sera possible d'étudier d'un peu plus près les différentes régions qui composent le hinterland nominal de la République de Libéria, on fera probablement quelques trouvailles qui permettront de reconstituer l'histoire ancienne des Vaï.

Il semble certain dès aujourd'hui que, à une époque fort reculée (peut-être vers le XII° ou le XIII° siècle), une forte émigration vaï se dirigea jusque dans le bassin de la Volta. M. Binger, dans son célèbre voyage du Niger au golfe de Guinée, en a retrouvé les traces au nord-est de Bondoukou. Là habite la tribu des *Ligouy* ou *Kalo-Dyoula*, dans l'idiome de laquelle M. Binger a reconnu sans peine la langue vaï. Des vieillards de cette tribu, interrogés par l'explorateur, lui ont dit qu'en effet ils avaient entendu raconter que leurs ancêtres venaient du sud-ouest. On trouve aussi quelques familles de ces Kalo-Dyoula dans le pays de Kong, dans le Djimini, dans le Dyamala et le Tagbana. Il doit en exister également, semées sur leur chemin par les émigrations, dans la région qui s'étend entre cette dernière province et le pays des Toma, continuant ainsi une chaîne qui réunirait les Ligouy aux Vaï. Mais l'étroite parenté des Vaï avec les Dyoula et les autres populations mandé du Soudan a permis aux premiers, peu nombreux, de se fondre si bien avec les seconds qu'il est difficile aujourd'hui de les en distinguer. Pour ma part, j'ai rencontré des Kalo-Dyoula du Djimini qui se savaient d'origine Kalo-Dyoula, mais qui ne parlaient d'autre langue que le

---

(1) Dans la colonie de Sierra-Leone et au Libéria, on ne donne le nom de Mandé (*Mandingo* en anglais, *Manimon-nou* en vaï) qu'aux indigènes de la région des sources du Niger, et principalement à ceux du Kouranko, du Mania, du Konian et de la région de Moussadougou ou Mousardou. Mais il n'y a aucune raison de réserver à eux seuls cette appellation.

dyoula. Ils n'ont pu conserver leurs caractères propres et leur dialecte que là où ils sont restés groupés en nombre considérable, comme c'est le cas pour les Ligouy.

D'un autre côté, il est plus que probable que les Vaï ne sont établis sur les bords de la mer que depuis une époque relativement récente. De même que les Malinké de la haute Gambie et de la Falémé ont pénétré les Dyola et les Feloup, de même que les Soso ont pénétré les Nalou, les Baga et les Timéné, et se les sont peu à peu et presque entièrement assimilés, de même les Vaï ont dû suivre le mouvement de recul vers la côte des peuplades mandé du sud-ouest, mouvement dont l'origine fut la conquête du Fouta-Dyalon au xviiⁱ siècle par les Foulbé. Ils ont dû trouver la région côtière occupée par des populations Gola et Dé. Les Gola ont été en partie assimilés, en partie repoussés à l'est, où ils se trouvent actuellement, comprimés entre les Vaï, avec qui ils sont en paix, et les Gbéressé, autre peuple de race mandé, qui cherchent continuellement à les pénétrer, à les faire entrer de force dans le sein de cette grande famille, conquérante et surtout envahissante, des Mandé. Les Dé, qui appartiennent à la race dite *krou*, ont été refoulés au sud-est, et, à l'heure actuelle, ils ont presque disparu.

3° *Caractères physiques.* — Les Vaï présentent les caractères anthropologiques communs à tous les Mandé : taille moyenne, nez généralement droit, narines larges, lèvres grosses, pommettes saillantes, face étroite au niveau des tempes, tête aplatie latéralement dans sa partie supérieure. Ils sont en général dolichocéphales ou sous-dolichocéphales.

Le plus souvent, ils ont les formes plus massives, les traits moins fins, les membres moins grêles que les Mandé du Soudan et surtout que les Dyoula. Mais on ne peut guère se baser sur ces caractères pour établir des distinctions ou des rapprochements, car ils varient beaucoup avec les individus et leur genre de vie.

Les hommes portent presque tous les cheveux rasés ; souvent ils conservent sur l'occiput une mèche de cheveux à laquelle ils attachent une amulette. Quelques-uns, surtout parmi les fétichistes, tressent leurs cheveux en quelques cordelettes qu'ils laissent pendre en dehors du bonnet, sur les oreilles et sur la nuque. Ils ont peu de barbe : seulement des moustaches et une légère barbiche au menton. Les uns se rasent, les autres portent la barbe, qui du reste ne leur vient qu'à un âge assez avancé. Les femmes portent les cheveux courts sur le devant de la tête, et demi-longs en arrière, nattés en trois tresses de 15 à 20 centimètres de chaque côté de la tête.

Les Vaï pratiquent la circoncision. Cette pratique n'a pas dû être importée par l'islamisme, car elle existait avant l'arrivée des premiers missionnaires musulmans chez les Vaï et elle est aussi générale chez les Vaï demeurés fétichistes que chez les Vaï mahométans. L'excision sur les femmes n'est pas pratiquée.

Il n'existe pas chez les Vaï de mutilations ethniques. Les tatouages purement ornementaux, sous forme de lignes ou de dessins géométriques obtenus par des points en relief, ne se rencontrent guère que chez les femmes ; ils sont assez peu nombreux et on n'en voit en général que sur les reins et les bras. La plupart des femmes ne sont pas tatouées du tout ; la mode de ces tatouages semble importée par les femmes de race krou.

4° **Caractères intellectuels et moraux.** — Comme tous les Mandé, et principalement les Soso, les Sarakolé et les Dyoula, les Vaï se font remarquer par leurs aptitudes commerciales. Les plus gros chiffres d'affaires à Cape-Mount et à Mano sont faits par ou avec des Vaï ; les négociants européens trouvent en eux leurs meilleurs clients. Un certain nombre de Vaï de Cape-Mount et de Mano sont arrivés, par le succès de leurs entreprises commerciales, à réaliser des fortunes.

Les Vaï achètent les produits européens à la côte, les transportent à l'intérieur et surtout les revendent à des caravanes du Kouranko, du Kissidougou et du Konian. En échange de ces produits, ils apportent aux factoreries des noix et de l'huile de palme, du piassava, un peu de caoutchouc et d'ivoire ; ils se livrent aussi à la coupe de l'acajou. Des caravanes de l'intérieur et des tribus voisines ils reçoivent des tissus indigènes, des vêtements, des cuirs confectionnés et aussi des pièces françaises de cinq francs provenant du Soudan et du Fouta-Dyalon et qu'ils convertissent en bijoux.

Quelques Vaï expédient directement leurs produits en Europe ou à Freetown (Sierra-Leone). Quelques-uns, élevés par les missionnaires protestants américains de Cape-Mount, possèdent une bonne instruction et vivent à l'européenne. Mais ceux-ci sont le petit nombre et la plupart du temps sont des orphelins ou des esclaves recueillis par les missionnaires. Comme la plupart des peuples vraiment intelligents de l'Afrique, les Vaï se montrent réfractaires à la civilisation européenne et surtout à ses formes extérieures, et c'est pour moi l'un des aspects par où se révèle le mieux leur supériorité intellectuelle. Leurs voisins de race *krou*, par exemple, qui sont d'excellents manœuvres, forts et adroits, mais doués de facultés intellectuelles très rudimentaires, acceptent très volontiers, recherchent même, le costume européen et la religion protestante (tout au moins les signes extérieurs de cette religion).

Une des preuves — et la plus frappante certainement — de la supériorité intellectuelle des Vaï, c'est leur alphabet. A ma connaissance, il n'existe pas en Afrique un seul autre peuple de race nègre qui possède un véritable système d'écriture, lui appartenant en propre et inventé par lui. Nous y reviendrons d'ailleurs, et plus longuement un peu plus loin.

Au point de vue moral, les Vaï diffèrent peu de la généralité des peuples Mandé, et se rapprochent surtout des Dyoula de la Boucle du Niger. Comme ces derniers, ce sont des pacifiques : peut-être ont-ils été autrefois un peuple guerrier, mais actuellement, entièrement adonnés au commerce, à l'agriculture et à l'industrie, ils évitent avec soin toute querelle avec leurs voisins et s'entr'aident entre eux au lieu de se déchirer mutuellement par des guerres intestines comme tant de peuplades nègres. Ils pénètrent leurs voisins, mais pacifiquement, par le commerce et la propagande musulmane. Dernièrement, lorsqu'a éclaté sur tous les points de la colonie à la fois la révolte de Sierra-Leone, les Vaï n'y ont pas pris part : Mano et Soulimah ont été pillées et dévastées, mais par des Kosso et des Mendi; les Vaï sont restés neutres, tâchant seulement de mettre leurs biens en sûreté, et à l'heure actuelle (septembre 1898), les Vaï habitant entre les rivières Mano et Soulimah, sur territoire anglais, cherchent à renouer par Cape-Mount les opérations commerciales devenues impossibles à Mano et Soulimah. Les Vaï du Libéria ne prennent pas partie non plus dans la guerre des Gbéressé et des Gola, cherchant à conserver l'amitié des deux adversaires.

5° **État politique et social.** — La société Vaï est basée sur la grande et la petite familles. Une grande famille comprend un grand nombre d'individus, quelquefois plusieurs milliers, portant tous le même nom de famille. On a la même chose chez les Bamana, les Malinké, les Dyoula, etc. Plusieurs noms de famille vaï se retrouvent même chez d'autres peuples mandé, parfois plus ou moins modifiés. On a ainsi les *Sira*, les *Bakari*, les *Massari* et les *Mossiré* (au lieu de *Massassi* et *Moussiré* chez les Bamana), les *Sando* (au lieu de *Saro* chez les Sarakolé), les *Kamana* (au lieu de *Kamara* chez les Malinké), etc. La famille la plus nombreuse, considérée aussi comme la plus noble, est celle des *Sando* ; elle est à peu près chez les Vaï ce qu'est la famille des *Ouatara* chez les Dyoula.

Il n'y a pas de lien social ni politique apparent entre les membres d'une même grande famille : ils se trouvent habituellement dispersés à travers tout le territoire vaï et sont loin de se connaître tous les uns les autres. Cependant, ils savent qu'ils ont une origine commune, qu'ils sont parents, leur parenté remonterait-elle à plusieurs siècles. Quand un Sando rencontre un autre Sando, il sait qu'il lui tient de plus près qu'à un Mas.ari, à un Bessé ou à un Kamana.

Il n'y a chez les Vaï ni chef de nation, ni chefs de grandes familles, ni chefs de districts. Il n'y a même pas de chefs de village proprement dits. Un village est composé d'une ou de plusieurs petites familles, dont chacune à son tour se compose du père, de sa ou de ses femmes, de ses frères et sœurs plus jeunes, de ses enfants et de ses esclaves. Le père — ou plus exactement l'aîné de cette famille — en est le chef. C'est là la seule autorité existant véritablement. Mais lorsqu'un village comprend plusieurs familles, le plus riche des chefs de famille, ou le plus éloquent, ou le plus fin diplomate, ou le plus âgé, est revêtu d'une sorte d'autorité morale : il est choisi par les autres chefs pour trancher leurs différends et ils viennent discuter avec lui leurs intérêts communs.

6° **Habitations.** — J'ignore ce que sont les habitations vaï dans l'intérieur, mais près de la côte elles ne présentent rien de bien caractéristique. On trouve côte à côte dans les villages des cases de modèles très différents.

Pourtant les plus communes sont de petites cases cylindriques, de 2 à 3 mètres de diamètre, rarement plus larges, surmontées d'un toit en paille ayant la forme d'un cône peu élevé. Le sommet du cône se termine généralement par un ornement, le plus souvent une sorte de flèche en paille ; cette flèche porte parfois sur son extrémité un morceau de bois posé horizontalement, d'autres fois elle est ornée d'une paire de cornes de bœuf. Ces cases sont hautes de 2 mètres environ à l'endroit où le toit vient reposer sur le mur et de 3^m,50 à 4 mètres au sommet du cône.

Les murs sont faits d'un clayonnage de bois (ou tapade) recouvert à l'intérieur et à l'extérieur d'argile rouge non polie. Quelquefois ils sont peints en blanc à l'aide d'une pierre calcaire qu'on trouve dans certains ruisseaux, ou à l'aide de chaux fabriquée avec des coquillages. Le sol est fait de terre battue, quelquefois pavée à l'aide de noyaux d'amandes de palme. Une ouverture unique est pratiquée à quelques centimètres au-dessus du sol, haute de 1^m,50 environ ; une porte massive en bois, faite d'une seule planche, permet de fermer la case. Ces cases sont toujours bâties au niveau du sol extérieur.

On rencontre aussi beaucoup de cases rectangulaires, construites

de façon analogue, avec un toit à double pente fait tantôt de paille·
tantôt de feuilles de palmier. Ces cases rectangulaires sont parfois
pourvues d'une ou deux fenêtres, et renferment généralement deux
chambres. Pas plus que les cases rondes, elles ne possèdent de
vérandah.

Des cases spéciales servent de cuisine, d'atelier ou encore de salle
de repos et de conversation. Ce sont des cases rectangulaires ouvertes sur l'une de leurs faces. Cette face ne présente qu'un mur
très bas, haut à peine de cinquante centimètres, et courant le long
du sol, destiné à empêcher les eaux de pluie de pénétrer dans la
case et aussi à servir de banc. Les foyers se composent chacun de
trois blocs d'argile en forme d'œufs d'autruche qu'on aurait aplatis
contre le sol et disposés en triangle ; on arrange le feu entre ces
blocs, qui servent à supporter la marmite. C'est dans ces cases que
se tiennent généralement les femmes, vaquant aux soins du ménage.

Certaines cases analogues renferment quelques hamacs dans
lesquels se prélassent le maître de la maison et ses visiteurs de
marque, les autres assis par terre ou sur le petit mur en bordure.
Les sièges sont assez rares.

Dans d'autres de ces cases sont installés des forgerons, des bijou-
tiers, des ouvriers en cuir, des potiers ou des tisserands, munis de
leur attirail ordinaire, qui ne diffère en rien de celui en usage chez
la plupart des peuples mandé. Beaucoup de ces industriels d'ailleurs
sont des étrangers, venus des différentes provinces mandé du nord
et du nord-est.

On rencontre encore des poulaillers, petites cases cubiques faites
en général d'un simple clayonnage de branches de palmier et posées
sur des tréteaux à un mètre environ au-dessus du sol. Les magasins
à riz, à manioc, à maïs, etc., sont à peu près semblables ; souvent
pourtant ce sont de petites cases rondes aux murs recouverts d'argile et reposant sur des pierres, ce qui sert à préserver les provi-
sions des termites et des rats.

Chaque case est isolée, séparée de la case voisine par un couloir
plus ou moins étroit, plus ou moins droit. L'ensemble de ces cou-
loirs forme les rues. Généralement les diverses cases appartenant
à la même famille sont groupées ensemble et séparées du groupe
voisin par une sorte de petite place, mais elles ne sont pas, comme
cela a lieu dans beaucoup de tribus africaines, réunies ensemble
par une palissade.

Autour du village, derrière les cases, on trouve de petits jardins
clos d'une barrière et renfermant des gombos, des poivrons, des

piments, des taros et autres légumes d'un usage journalier que les ménagères ont besoin d'avoir constamment sous la main, souvent aussi du tabac. En arrière, et parfois à une assez grande distance du village, sont les plantations proprement dites (riz, manioc, maïs, patates, arachides, café).

7° **Vêtements, parures, armes.** — Les Vaï, même ceux qui sont restés fétichistes, ont adopté les vêtements en usage chez la plupart des Mandé musulmans.

Le vêtement de dessous se compose : d'une culotte descendant plus bas que les genoux, souvent jusqu'aux chevilles, serrée à la taille, large au niveau des cuisses et étroite du bas ; et d'une sorte de chemise courte et flottante ne dépassant pas la taille, aux manches larges allant jusqu'aux coudes.

Par dessus la chemise et la culotte, les Vaï porte généralement une sorte de grande dalmatique sans coutures, d'une forme analogue à celle du vêtement de cérémonie des diacres de l'Église romaine, mais plus ample et plus longue ; les bords de la partie supérieure retombent jusqu'aux hanches, formant de véritables manches ; mais la plupart du temps on les relève sur les épaules. Quelquefois cette dalmatique est remplacée par une sorte de large gandoura aux manches évasées, ou encore par un grand pagne drapé comme une toge romaine.

La culotte est généralement faite de tissu indigène, à bandes bleues et blanches. La chemise est faite tantôt de cotonnade blanche d'origine européenne, tantôt de cotonnade rayée de fabrication indigène. La dalmatique est presque toujours faite d'un tissu indigène à raies bleues et blanches, ou bleues, rouges et blanches, ou à damiers de diverses couleurs. Quant à la gandoura, elle est presque toujours de fabrication européenne, ou tout au moins fabriquée à l'aide de tissus européens, cotonnade blanche ou bleue, ou drap noir.

Les jeunes enfants vont complètement nus. Les adolescents ont pour tout costume la bande d'étoffe passée entre les jambes et connue sous le nom de *bila* chez les Bamana.

Les femmes sont habillées d'un pagne roulé autour des reins et descendant jusqu'aux pieds, laissant le buste nu. Souvent elles portent, par-dessus ce pagne, un autre pagne plus court, noué sur le devant. Quelquefois aussi elles se couvrent la poitrine au moyen d'un pagne, tantôt attaché sous les bras et au dessus des reins et retombant jusqu'à la taille, tantôt jeté sur les épaules comme une mantille. Les toutes jeunes filles ne portent qu'un minuscule tablier long de 30 centimètres et haut de 12, fait de perles de verre de diverses couleurs dessinant une sorte de tapisserie.

La coiffure des hommes est tantôt une chéchia courte, avec ou sans gland, tantôt une toque, de fabrication européenne; tantôt un bonnet indigène, plat ou en forme de tronc de cône, blanc ou de couleur, la plupart du temps couvert de broderies de coton ; tantôt enfin d'un bonnet souple en paille de raphia ou de pandanus. Je n'ai pas rencontré le bonnet mandé s'ouvrant en gueule de caïman.

Les femmes portent presque toujours, surtout lorsqu'elles se mettent en frais de toilette, une sorte de mince turban de couleur, plus rarement blanc, fait d'un mouchoir de soie roulé autour de la tête et incliné en avant, passant par le bas du front et l'occiput, ce qui leur donne l'air d'avoir le dessus de la tête aplati.

Les femmes portent beaucoup de bijoux, bagues, bracelets, anneaux de jambes, boucles d'oreilles. Ce sont généralement des bijoux d'argent; les bijoux d'or sont rares et presque toujours d'importation étrangère. Le bijou national, dont une élégante Vaï ne peut se passer, est une corne de jeune taureau ou d'antilope, bien polie, avec monture en argent; cette corne, qui sert à mettre des parfums, ou de l'argent, ou n'importe quoi, se porte sous le bras gauche, suspendue à une chaîne d'argent passée sur l'épaule droite. Les colliers et les tours de jambes ou de bras en dents de panthère sont aussi fort en honneur. Les femmes aiment également à piquer dans leurs cheveux des épingles en argent ou en ivoire, de formes ou de dessins variés.

Quant aux hommes, leur parure consiste surtout en amulettes de genres divers; presque toujours ce sont des formules, prières, recettes efficaces contre les maladies, les accidents, etc., écrites en arabe par quelque marabout musulman, et enfermées dans des sachets en cuir ou en écaille de tortue. On porte ces sachets attachés au bras ou à la jambe, autour de la ceinture et principalement suspendus dans le dos ou sur la poitrine. Les hommes aiment aussi à porter en bandoulière des couteaux ou petits sabres renfermés dans des gaines en cuir ouvragé, en peau de panthère ou d'antilope ; les baudriers se composent de plusieurs cordelettes de cuir accouplées. Ils portent aussi, suspendus au cou, des sortes d'étuis ou portefeuilles rectangulaires destinés à renfermer des papiers, un carnet ou un livre, — car il ne faut pas oublier que, soit qu'ils connaissent l'arabe, soit qu'ils ne connaissent que leur langue, presque tous les Vaï sont lettrés.

Tous ces ouvrages de cuir sont travaillés d'une façon remarquable et avec goût, et plusieurs sont d'un très joli effet.

Les armes des Vaï, en dehors des fusils achetés aux Européens, sont la lance et les flèches. La lance est surtout une arme de parade, une sorte de canne de chef ; certaines sont fort jolies, garnies à mi-hauteur de peau de léopard, avec le fer dentelé et ouvragé. Mais elles peuvent servir aussi d'armes véritables, et il paraît qu'autrefois, alors que les Vaï étaient — par la force des choses — un peuple guerrier, la lance était l'arme des chefs, qui s'en servaient soit comme d'un javelot, soit comme d'une pique. Le peuple était armé d'arcs et de flèches. On se sert encore beaucoup, et concurremment avec les fusils, d'arcs et de flèches pour la chasse. Les flèches sont longues, terminées par une pointe de bois très dur ou par un fer barbelé.

8° *Religion*. — Les Vaï sont en majorité musulmans. L'islamisme leur a été apporté par des Mandé du Kouranko et du Konian, et actuellement encore on trouve chez les Vaï beaucoup de marabouts koniankan et malinké.

Cet islamisme est, la plupart du temps, tout superficiel. Il consiste en général à prononcer la formule : « Il n'y a pas de divinité en dehors de Dieu, et Mohammed est l'envoyé de Dieu », à avoir quelques vagues notions d'histoire musulmane, de dogme, de culte, à savoir par cœur la *fatihat* et deux ou trois autres sourates du Coran, à déchiffrer péniblement quelques versets ou quelques prières dont on ne comprend en général que fort vaguement le sens, à prononcer en arabe quelques formules de salutations et quelques exclamations, et surtout à faire un grand usage des amulettes vendues par les marabouts. Cet islamisme est d'ailleurs exempt de tout fanatisme, de toute intolérance, et se concilie fort bien avec des pratiques fétichistes ou chrétiennes, restes de la religion primitive ou de l'enseignement des missionnaires. Les Vaï sont peu dévots et c'est bien rarement qu'on les voit faire leurs ablutions et leurs prières.

Quelques-uns cependant, qui pour la plupart ont reçu leur instruction religieuse au cours d'un voyage au Ouassoulou ou dans le Fouta-Dyalon, sont de véritables musulmans, pratiquants, capables non seulement de lire mais aussi de comprendre le Coran, écrivant et parlant même un peu l'arabe (1), connaissant assez bien l'histoire et la littérature musulmanes, sachant où se trouvent La Mecque, Le Caire, Constantinople, pouvant parler de la Bible, de l'Évangile, et des écrits des légistes et historiens arabes, possédant souvent, sous

---

(1) L'arabe parlé par les Vaï musulmans est la langue écrite : ils n'en connaissent et n'en comprennent pas d'autre.

forme de manuscrits, un rudiment de bibliothèque, désireux de l'accroître et recherchant pour les copier les ouvrages qu'ils ne possèdent pas encore, très habiles enfin dans l'art de calligraphier les talismans et les formules magiques. Ce sont les marabouts : les Vaï leur donnent le nom d'*almami* ou de *mori*; mais ce dernier mot s'applique d'une façon plus générale à tous ceux qui ont une teinte un peu profonde d'islamisme.

Ces *almami*, aidés de leurs confrères venus du nord, font une propagande incessante parmi les Vaï demeurés fétichistes, surtout auprès des enfants et des jeunes gens. Ils instruisent ces derniers, leur enseignent les rudiments de la langue arabe et en font des prosélytes. Aussi le nombre des fétichistes diminue de plus en plus (1).

Il en reste cependant encore un grand nombre, surtout parmi les gens du peuple, dans les familles pauvres et dans les petits villages éloignés des routes de commerce. De plus, comme je le disais plus haut, beaucoup de pratiques de la religion primitive sont mêlées à l'islamisme superficiel de la plupart des Vaï mahométans. Malheureusement il m'a été jusqu'à présent impossible d'étudier cette religion et ces pratiques ; dans les villages voisins des centres libériens, les indigènes se cachent pour se livrer aux pratiques de leur culte, gênés par l'intolérance des Libériens et des missionnaires protestants de couleur, qui font bonne mine à l'islamisme parce qu'ils ne se sentent pas de taille à lutter avec lui, mais qui pourchassent sans pitié toutes les pratiques religieuses suspectes de paganisme, tout en protestant hautement de leur amour pour leurs frères païens (*our beloved heathen brethren*).

II. — LA LANGUE VAÏ

1° La langue vaï est un dialecte mandé. — Comme je cherche à le

(1) Les Vaï musulmans et aussi, à leur exemple, les Vaï fétichistes donnent le nom de *Bamara* aux peuples fétichistes du nord, marqués sur chaque joue de trois raies verticales et dont on trouve un assez grand nombre, comme esclaves, chez les Vaï. A rapprocher de cette appellation le nom de *Ban-mara* (*Bámara*) donné par les gens du Konian aux fétichistes du Ouassoulou, le nom de *Ban-bara* (*Bábara*) donné par les Dyoula aux Sénoufo et aux Mboing et accepté par les premiers (les Sénoufo) comme nom de race, et enfin le nom de *Bumbara* donné autrefois aux Bamana restés fétichistes par leurs voisins musulmans et qui est encore employé couramment par beaucoup de Français pour désigner toute la tribu Bamana et même d'autres tribus mandé, comme celle des Dyoula, quoique appeler « Bambara » un Dyoula soit lui faire une injure.

démontrer dans un travail, actuellement en préparation, sur les langues dites *mandé* (1), on peut partager ces langues en deux grandes subdivisions : d'une part les *langues mandé pures* ou proprement dites, c'est-à-dire qui n'ont pas subi ou n'ont subi que peu d'influences étrangères, et les *langues mandé impures*, c'est-à-dire celles qui ont été notablement altérées par l'influence de langues étrangères jusqu'au point de perdre quelquefois leur caractère spécifique, ou les langues qui, originairement en dehors de la famille mandé et parlées par des peuples non-mandé, ont été profondément imprégnées d'influences mandé, tellement qu'on se demande si on doit ou non les rattacher aux langues mandé.

Les langues mandé pures peuvent se répartir en deux groupes, selon que le nombre « dix » affecte la forme « tan » (*tã, tãn, tãñ, tan, tañ*) ou la forme « pou » (*pu, fu, fü*) (2). A chacun de ces deux

---

(1) L'origine du mot *mandé* n'est pas exactement connue; peut-être ce mot a-t-il la même origine que le mot *Malinké* : *Mali-nké*, « hommes du pays ou royaume de Mali ou Melli »; *Mali-ndé* ou *Mani-ndé* (la permutation l'*l* en *n* étant fréquente dans ces langues) et par abréviation *Man-ndé* ou *Ma-ndé*, « enfants de Mali ». Dans d'autres dialectes on a *Ma-ndign*, d'où les appellations européennes de *Mandingos, Mandingoes* et *Mandingues*. Il est à remarquer que les Vaï donnent aux Maniakan (habitants du Mania ou *Mani*) et aux Koulankau le nom de *Mani-mon-nou* ou *Mani-mon* (hommes du Mani). Il faut noter aussi qu'on donne plus particulièrement le nom de *Manding* (ou *Ma-ndign*) à une peuplade habitant entre le haut Bafing, le haut Bakhoy et le haut Niger. Quoi qu'il en soit, l'appellation *Mandé* n'est pas connue des indigènes comme nom de race : ainsi qu'il arrive pour toutes les races africaines, chaque tribu particulière ne se connaît que par son nom de tribu et les diverses tribus appartenant à la même race ne se reconnaissent pas d'appellation générique. Néanmoins, je crois bon de conserver ce nom de *Mandé* comme désignation de race, attendu qu'il est déjà en usage et que son emploi répond à un besoin.

(2) Dans la partie linguistique de cette notice, j'ai adopté le système alphabétique que j'emploie pour l'étude de toutes les langues nègres et qui consiste à ne se servir que des caractères de l'alphabet latin, en donnant à quelques-uns une valeur spéciale et en posant en principe que toutes les lettres se prononcent, qu'un seul son (voyelle ou consonne) doit être représenté à moins d'impossibilité par une seule lettre et que chaque lettre conserve toujours la même valeur ou prononciation.

On prononcera : *e* comme *é* dans « été »; *è* comme *è* dans « père »; *o* comme o très ouvert ou « aw » dans le mot anglais « law »; *ó* comme o très fermé ou o final en portugais; *u* comme ou dans « chou »; *ü* comme u dans « but »; — *ã* comme en et an dans « enfant »: *ē* comme é fermé nasal ou « em » final en portugais; *i* comme in dans « fin »; *į* comme i légèrement nasalisé, son intermédiaire entre i, in et ign; *õ* comme on dans « mon »; *ũ* comme ou nasal ou « um » final en portugais; — *g* toujours avec le son dur de g dans « gare »; *l* avec le son liquide et jamais avec le son mouillé; *m* et *n* toujours avec leur valeur propre et jamais comme donnant un son nasal à la voyelle précédente; *ñ* comme gn dans « dignité »; *s* toujours comme dans « savoir » et jamais comme dans « maison »; *t* toujours comme dans « tête » et jamais comme dans « initié »; *y* comme ï dans « faïence » ou comme dans le mot anglais « boy »; *w* comme ou dans « oui » ou comme dans le mot anglais « water ».

Toutes les autres voyelles et consonnes se prononceront comme en français, en remarquant toutefois que chaque lettre doit se prononcer : *ai* se lira donc « a-i »

groupes répond un groupe correspondant de langues impures.

On a ainsi dans le premier groupe, ou groupe de « tan », les dialectes des Khassonké, des Bamana, des Malinké, des Ouassoulounké, des Sankaranké, des Koniankan, des Kissi, des Vaï, des Maniakan, des Dyoula, des Ligouy, etc., et comme langue impure le dialecte des Soninké ou Sarakolé (mélangé de poular, d'arabe et de sourhaï).

Dans le second groupe ou groupe de « pou » on a les dialectes des Soso (Guinée française), des Mendi et Kosso (Sierra-Leone), des Bouzi, Toma et Gbéressé (Libéria), des Gouro (Côte d'Ivoire), etc., et comme langues impures les dialectes des Dyola (ne pas confondre avec Dyoula), Feloup, Balante, Landouman, Nalou, Baga, Timéné (anciennes langues des autochtones fortement modifiées par les influences mandé).

La langue des Gola, dialecte autochtone modifié par des influences à la fois peul et mandé (ou peut-être dialecte peul modifié par l'émigration en pays mandé), ne rentre ni dans l'un ni dans l'autre de ces groupes.

La langue vaï, sans aucune hésitation, doit être placée dans le premier groupe des langues mandé pures, au même titre que le Bamana, le Malinké et le Dyoula. Cela ressort de toute étude, même superficielle, de sa grammaire et de son vocabulaire. Les travaux de Steinthal (1) et du capitaine Rambaud (2) l'ont d'ailleurs amplement démontré.

Je n'ai pas la prétention d'entreprendre ici une étude détaillée de la langue vaï, d'abord parce que je ne la connais pas encore suffisamment à fond, ensuite parce qu'une telle étude sortirait du cadre nécessairement restreint de cette notice. Mais je voudrais essayer de faire connaître rapidement les aspects les plus caractéristiques de cette langue, en mentionnant quelques-uns des points par où elle se différencie des dialectes bamana, malinké et dyoula, qui semblent les plus importants des dialectes mandé, eu égard au nombre des individus qui les parlent. Je me suis guidé, pour la rédaction de ces notes, sur la partie de son ouvrage où le capitaine Rambaud expose d'une façon remarquable les caractères généraux des langues mandé.

et nou « è » : *au* se lira « a-ou » et non « o » ; *ei* « é-i » et nou « é » ; *eu* « é-ou » et non comme « eu » dans « deux » ; *oi* « o-i » et non « oua » ; *ou* « o-ou » et nou comme « ou » dans « chou », etc.

(1) Dʳ H. Steinthal, *Die Mande-Neger Sprachen*. Berlin. 1867, in-8.

(2) Capitaine J.-B. Rambaud, *La langue mandé*. Paris. Imprimerie nationale, 1896, in-8.

2° Caractères généraux de la langue vaï. — Comme les autres langues mandé, le vaï est une langue:

1° *Juxtaposante et affixante*, c'est-à-dire formant à la fois ses mots composés par juxtaposition de radicaux et par addition d'affixes n'ayant pas un sens propre par elles-mêmes ;

2° *Additive et non flexative*, c'est-à-dire exprimant les différences de personne, de temps, de mode, etc., par l'addition de pronoms et d'affixes, et non par des flexions dans le corps des mots;

3° *Asexuelle*, c'est-à-dire ne distinguant les genres ni dans les adjectifs ni dans les pronoms, et ne les distinguant dans les substantifs que par l'addition des mots « mâle » ou « femelle », *kai-ma* ou *musu-ma*.

3° Sons élémentaires (1). — Les sons-voyelles sont en vaï au nombre de 14 (voyelles simples : *a, é, e, i, ô, o, ó, u,* et très rarement *û* ; — voyelles nasales ; *ã, é, ĩ, į, ũ, ŭ*). On trouve 35 sons-consonnes, dont 18 sons simples et 17 sons composés (gutturales simples : *k* et *g* ; gutturales mouillées : *ky, gy* et *ñgy* ; gutturales renforcées : *ñk* et *ñg* ; — dentales simples: *t* et *d*; dentales mouillées : *ty* et *dy*; dentales renforcées : *nt* et *nd*; dentales sifflantes : *s* et *z* ; — labiales simples : *p, b, f, v, w, û* (consonne) et *m*: labiales renforcées : *kp, gb, ñb, ñgb, mb,* et *mf*; liquides : *l* ou *r, n* ; liquide mouillée: *ny*, liquide renforcée : *hn* ; — nasale : *ñ*; nasale mouillée: *ñy* ; — spirante : *h* ; — yodisante : *y*).

4° Constitution des syllabes et des mots. — Les mots de la langue vaï ont une ou plusieurs syllabes; les monosyllabes et les dissyllabes sont les plus fréquents, presque tous les mots désignant les objets ou les idées d'un usage courant sont monosyllabiques ou dissyllabiques Je ne parle pas, bien entendu, des mots composés.

Comme dans les autres langues mandé, on ne rencontre en vaï que des syllabes closes (2), formés d'un son-consonne simple ou composé suivi d'une voyelle simple ou nasale, et quelquefois formées d'une voyelle seule, comme : *fa* « père », *mu-su* « femme », *yyi* « eau », *do-ndo* « un », *ñyâ-mô* « frère », *ka-i* « homme », *Va-i* « Vaï », *vè-u* « langue vaï », *kpu-a* « siège », etc.

5° Permutations de sons, élision, contraction. — En vaï, comme

<hr>

(1) Voir, pour l'alphabet adopté et la prononciation, la note 2, p. 141.

(2) On rencontre quelques syllabes terminées par une voyelle suivie de *m, n* ou *ñ*, mais je ne les considère pas comme des syllabes ouvertes, cet *m, n* ou *ñ* ne faisant que donner une terminaison nasale à la voyelle qui précède et pouvant d'ailleurs disparaître : *kë, ken, keñ,* ou *kiñ,* « maison »; *biñ* « paille » ; *de, dë, deñ,* ou *diñ* « enfant » ; *tân* « dix »; *sin* « pierre » ; *fu* et *fum* « poudre », etc.

dans les autres langues mandé, on entend souvent le même mot prononcé de façon différente par divers individus et même par le même individu. On remplace en effet très facilement certains sons par certains autres.

Les voyelles simples d'abord, peuvent devenir nasales dans un grand nombre de mots : on a ainsi *de* ou *dé* « enfant », *mo* ou *mõ* « homme, être humain », *fu* et *fũ* « poudre », etc.

La voyelle *a* se change quelquefois en *è*, la voyelle *ê* en *e*, la voyelle *e* en *i*, la voyelle *i* en *u* ou en *ũ*, la voyelle *o* en *ó* ou *u*, et réciproquement. Exemples : *Va-i* ou *Vê-i* « Vaï », *koñgyè* ou *koñgye* « amande de palme », *fera* ou *firu* « deux », *deñ* ou *diñ* « enfant »; *kefe* ou *kife* « piment ». *dimulu* ou *dumulu* « citron », *sinda* ou *sũnda* « termitière », *tolo* ou *tulo* « oreille », *kpólo* ou *kpulo* « peau », *gboro* ou *gboru* « terre », *sũyè* ou *suyè* « viande », etc. La voyelle *o* devient parfois *we*: *koñgyè* ou *kweñgyè* « amande de palme ».

Les voyelles brèves disparaissent quelquefois complètement, surtout dans les pronoms: *tawala* ou *tawla* « pipe », *sunu-sakpa* ou *sun-sakpa* « huit », *turuma* et *truma* « étoile », *m fa* pour *me fa* « mon père », *n gyakoro* pour *na gyakoro* « ma case », etc.

Les voyelles simples suivies d'une des consonnes composées *ñk*, *ñg*, *ñgy* et *ñgb* peuvent se contracter avec le *ñ* qui les suit et former des voyelles nasales; le *ñ* subsiste ou disparaît. On a ainsi : *sa-ñgya* ou *sã-gya* « village », *ñkã-ko* pour *ñkã-ñko* « nuque, dos du cou », etc.

Les voyelles nasales suivies des consonnes *b*, *f*, *d*, *g*, *k* et *y*, ou d'une consonne composée commençant par une de ces consonnes simples, peuvent perdre leur nasalisation, qui se transforme en *m* devant *b* et *f*, en *n* devant *d*, en *ñ* devant *g*, *k* et *y*; la nasalisation et la consonne *m*, *n* ou *ñ* peuvent aussi subsister ensemble. Exemples : *bã-ba* ou *ba-mba* « caïman »; *kũ-fu*, *kũ-mfu*, ou *ku-mfu* « fleur »; *kë-yè* ou *kë-ñyè* « sable », etc.

La consonne *n* devient souvent *ñ* devant *g* ou *k*; *n gyakoro* ou *ñ gyakoro* « ma case », *n klare mu* ou *ñ klare mu* « je suis malade ».

Les consonnes simples sont souvent remplacées par les consonnes renforcées ou mouillées correspondantes: *k* par *ñk* et *ky*; *g* par *ñg*, *gy* et *ñgy*; *t* par *nt*; *d* par *nd*; *p* par *kp*; *b* par *gb*, *ñgb* et *mb*; *f* par *mf*; *m* par *mb*; *n* par *hn*; *ñ* par *ñy*. Exemples : *kã* ou *ñkã* « cou »: *gya* ou *ñgya* « œil »; *da* ou *nda* « bouche »; *poo* ou *kpoo* « pigeon »; *bulu*, *mbulu* et *gbulu* « main »; *domfi* pour *dofi-* « aliments »; *gya-ma* et *gyãm-ba* « feuilles », etc.

Enfin on rencontre souvent des alternances entre les consonnes suivantes : *b* et *w*; *d*, *l* ou *r* et *n*; *k* et *t*, *ky* et *ty*; *gy* et *dy*; *gb* et *kp*; *mb* et *gb*; *y* et *ñy*. Exemples : *taba* ou *tawa* « tabac »; *mali* ou *mani* « hippopotame »; *suru* et *sunu* « cinq »; *keñ* ou *teñ* « pied »; *gyi* ou plus rarement *dyi* « eau »; *sakpa* ou *sagba* « trois »; *tõmbo* ou *tõgbo* « palmier à huile »; *koni-ñyã* et *koni-yã* « porc », etc.

Quant aux consonnes *l* et *r*, elles n'en forment en réalité qu'une seule, intermédiaire entre un *l* franc et un *r* franc. Dans quelques mots cependant on fait plutôt sentir le son *l*, dans d'autres le son *r*, mais ou peut employer l'un ou l'autre indifféremment, à condition de ne pas rouler ni grasseyer l'*r* (1).

6° **Formation des mots.** — « On trouve en mandé, dit le capitaine Rambaud, des éléments auxiliaires ayant gardé leur sens propre et agissant d'autre part comme éléments principaux, et d'autres qui n'ont aucun sens par eux-mêmes et ne s'emploient qu'en juxtaposition avec des éléments principaux » (2). Cette remarque peut s'appliquer entièrement à la langue vaï. Ainsi *mõ*, qui veut dire « homme, être humain », servira à former les mots *toa-mõ* « forgeron », *kpa-mõ* « débiteur », *ñyõ-mõ* « frères », etc. La particule *ma*, qui n'a en soi aucun sens, formera les adjectifs *kai-ma* « mâle », *musu-ma* « femelle », *fi-ma* « noir », *kpè-ma* « blanc », etc.

Les mots radicaux sont relativement peu nombreux et généralement monosyllabiques. La plupart des radicaux qui paraissent dissyllabiques au premier abord sont en réalité formés de deux éléments monosyllabiques dont l'un (et quelquefois l'un et l'autre) ne s'emploie pas ou ne s'emploie plus isolément.

Les mots composés se forment en général par la juxtaposition : soit de deux radicaux ayant chacun un sens propre, le radical déterminant précédant le radical déterminé; — soit d'un radical et d'une particule qui joue le rôle de suffixe. On a ainsi : *kũ-ndi* « cheveux, poils de la tête », de *kũ* « tête » et *ndi* « poil »; *ñkã-ko* « nuque, dos du cou », de *ñkã* « cou » et *ñko* ou *ko* « dos »; — *sene-ro* « maison de campagne », de *sene* (originairement *se* ou *sen*) « champ », et *ra*, particule ayant le sens de « dans, à l'intérieur de »; *tawa-la* « pipe », de *tawa* « tabac », et *la* ou *ra*, particule indiquant un nom d'instrument; *ta-kpa-ma* « cuisine », de *ta* « feu », *kpa* « arranger, disposer », et *ma*, particule indiquant le lieu où se fait une chose, etc.

---

(1) Le son *r* gras (*rhaïn* arabe) du mot dyoula *morho* (transcrit généralement et à tort *mokho*) et le son du *kha* arabe qu'on trouve dans quelques dialectes mandé du nord du Sénégal n'existent pas eu vaï.

(2) *Op. cit.*, p. 23.

Un certain nombre de mots composés se forment par répétition du radical ; ce sont en général des onomatopées, comme *su-su* « sein » (comparez « sucer, téter »), *di-di* « fourmi », *sîle-sîle* « moustique », *vi-vi* « ouragan », etc.

7° **Noms de nombre.** — Les noms de nombre en vaï sont les suivants :

1 *dondo*	6 *sun-dondo*	20 *mugbândy*
2 *fera*	7 *sun-fera*	40 *mugbândi sina fera* (1)
3 *sakna*	8 *sun-sakpa*	60 *mugbândi sina sakpa*
4 *nani*	9 *sun-nani*	80 *mugbândi sina nani*
5 *suru*	10 *tân*	100 *mugbândi sina suru*

On remarquera que le vaï est la seule des langues du groupe de « tan » qui ne possède pas la numération décimale ; toutes les langues de « pou » au contraire ont, comme le vaï, la numération quinquennale.

« Demi » se dit *ne* : *sili sakpa ne* « trois shillings et demi, 3 shillings 6 pence ».

8° **Pronoms.** — Les pronoms personnels revêtent différentes formes. La forme ordinaire est la suivante, généralement employée pour rendre les pronoms sujets et les possessifs :

Singulier : 1re pers. *me, m* ; *na, n*. Pluriel : 1re pers. *mu*
2° — *i*   2° — *wo*
3° — *a*   3° — *anu*

Exemples : *me ta* ou *m bè ta* « je vais » ; *na fen do* « je mange » ; *i ta mina?* « où vas-tu? » ; *a ñi* « il est bon (ou) c'est bon » ; *mu ta* « allons » ; *wo bo a mina?* « d'où venez-vous? » ; *anu vêu fo* « ils parlent vaï » ; — *m fa* « mon père », *na musu* « ma femme », *n dyamõ* « mon ami » ; *i kai* « ton mari » ; *a gyakolo* « sa case » ; *mu gborulo* « notre pays » ; *wo ba* « votre mère » ; *anu gyõ* « leur esclave ».

L'autre forme semble n'être que la forme précédente, suivie de la particule *da* ou *ra*, qui peut s'abréger en *a* : *na* devient *nda* (pour *na-da*), *i* devient *ya* (pour *i-ra, i-a*), *a* devient *ara*.

Exemples : *Vai-mõ mu nda* « je suis Vaï » (l'homme vaï me possède) ; *kõ bè ya* « tu as faim » (la faim est sur toi) ; *kikèle bè ara* « il a sommeil » ; — *a kâkè nda* « il m'a volé » ; *a kâkè ya* « il t'a volé », etc.

On remarquera que les pronoms de la première forme précèdent

---

(1) *Sina* signifie « fois » : deux fois vingt, etc. On a aussi : *mu fera gbândi, mu sakpa gbândi, mu nani gbândi, mu suru gbândi.*

le verbe ou le substantif, tandis que ceux de la deuxième forme suivent le verbe, auquel ils servent de régimes.

9° **Particules nominales.** — *Mŏ*. — Cette particule, qui signifie proprement « être humain, *homo* », sert à former les noms d'agent, les noms de métier ou d'état, les termes de nationalité, etc. : *kŭ-a-kĕ-mŏ* « voleur » (de *kŭ* « voler », *a* particule de sens indéterminé, *kĕ* particule verbale); *fani-a-mŏ* « menteur » (de *funi* « mentir » et particule *a*); *kŏla-dĕ-mŏ* « tisserand » (de *kŏla* « étoffe » et *dĕ* « tisser »); *dya-mŏ* « ami », *ñyŭ-mŏ* « frère ou sœur », *si-mŏ* « homme riche »; *Vai-mŏ* « homme vaï », *Mani-mŏ* « Mandingue, Maniakau », *Frŏsi-mŏ* « Français », etc.

Fĕ, fĕm, fĕ, feñ, fi, fiñ « chose » sert à former quelques noms de choses, comme *gya-feñ* « biens, argent, les choses de la maison »; *do-m-fi* « aliment, chose à manger ».

Ko ou *ñko* « dos », et en composition « derrière, en arrière de ou au-dessus de », sert à former des noms de lieu ou des noms de parties du corps, seul ou suivi de *ro* ou *lo*, qui signifie « dans », comme : *gya-ko-lo* « habitation, groupe de cases appartenant à la même famille », mot à mot « intérieur de l'arrière de la maison »; *Dulu-ko-ro*, nom vaï de Monrovia; *Wa-ko-ro*, nom indigène de Grand-Cape-Mount; — *no-ko* « coude fermé, dos du coude »; *ñkŏ-ko* « nuque, dos du cou »; *nda-ko-ro* « menton, dans le dos de la bouche »; *kunu-ko* « avant-hier », de *kunu* « hier »; *sina-ko* « après-demain », de *sina* « demain ».

Gya « œil, visage », et en composition « devant, en avant de », généralement suivi de *ro* ou *o* (abréviation de *lo* ou *ro*), sert à former des noms analogues, comme : *teñ-gya-o* « jarret, qui est en avant de la jambe »; *fa-gya-o* « front, devant de la face »; *gburu-gya-ro* « poignet, devant de la main », etc.

Ma, particule qui n'a pas de sens par elle-même, sert à former des noms de lieu et de parties du corps : *dundi-ma* « hanches, bassin, place de l'enfant »; *ñgya-ko-ma* « sourcils, endroit au-dessus des yeux »; *du-ma* « terre, globe terrestre »; *kĕye-ma* « plage, place du sable »; *fara-ma* « chute d'un fleuve »; *du-ma* « chemise, place de la poitrine », etc.

Lo, ro, o, quelquefois *do,* a la même valeur, mais s'emploie isolément comme préposition, ou plutôt comme postposition, avec le sens de « dans » : *gbulu-no-ro* « coude ouvert »; *ñgya-ro* « face, place des yeux »; *wa-ro* « flanc »; *du-lo* « poitrine »; *to-ro* « oreille »; *kpŏ-lo* « peau »; *siñe-ro* « île », *wulie-ro* « rapides »; *tyĕ-du-o* « rivage »; *gboru-lo* « pays »; *sene-ro* ou *son-do* (pour sen-*do*) « maison de campagne, dans les champs »; *fla-ro-mañyare* « chat sauvage, chat dans la forêt ».

La, ra, da, nda, na, a termine beaucoup de noms d'instruments, des termes désignant des phénomènes de la nature, des expressions géographiques, comme : *da-a* « cruche », *ba-a* « bateau », *diso-la* « ciseaux » (mot anglais *scissors* et particule *la*), *bi-nda* « cuiller », *fóki-a* « fourchette » (mot anglais *forket* particule *a*), *ka-na* « caisse », *du-ra* « pagaie », *tawa-la* « pipe », *ka-la* « arc », *yba-la* « chapeau », *kö-la* « tissu »; — *fi-la* « vent », *gbö-nda* « ciel, nuage », *bu-la* « cendre »; — *fa-ra* « cascade », *tyé-da* « rive », *ki-la* « chemin », *fla* (pour *fu-la*) « forêt », etc.

A sert aussi à former des substantifs tirés des verbes, comme on l'a vu plus haut : *kö-a-kè mö* « voleur », *fani-a-mö* « menteur », *kö-nsi-a-mö* « charpentier » (de *kö* « bois », *nsi* « fendre », *mö* « homme »), etc. Il a alors la valeur d'une sorte de pronom conjonctif unissant *mö* au verbe : ce n'est en somme que le pronom *a* de la 3ᵉ personne.

Li, ri, di, ni termine beaucoup de noms d'instruments et de noms divers : *mesè-ri* « aiguille », *bo-ri* « bassin », *ge-li* « hutte », *gbo-ri* « amulette »; — *ka-ni* « or », *ta-ni* « plomb »; — *du-ri* « doigt », *wu-li* « sang », *ke-li* « œuf », *nti-ri* « aine », etc.

Lu, ru, du, nu semble être la même particule, avec variation de la voyelle, et forme des noms divers : *bu-lu* ou *gbu-ru* « bras, main », *ku-lu* « derrière »; — *gyu-lu* « liane, corde », *tu-lu* « huile », *gbo-ru* « terre, argile », *ku-n-du* (en composition *ku*) « fer », *ku-ru* « barrière », *ku-nu* « hier », *su-ru* et *su-nu* « cinq », etc.

Tè sert à former les noms d'unité : *gbëgbere* « des planches », *gbègbere-tè* « une planche ».

Le sert à former des noms verbaux : *kikè-le* « sommeil » (de *kikè* « dormir »); *mikè-le* « action de boire » (de *mikè* « boire quelque chose »).

10° **Particules adjectives**. — *Ma* sert à former des adjectifs : *kpè-ma* « blanc », *fi-ma* « noir », *ñya-ma* « grand », *kai-ma* « mâle, masculin », *musu-ma* « femelle, féminin ». Ces deux derniers adjectifs s'ajoutent aux noms des êtres dont on veut déterminer le sexe : *öba-kaima* « un bouc »; *öba-musuma* « une chèvre »; *nihi-kaima* « un taureau »; *deñ-kaima* « un petit garçon »; *deñ-musuma* « une petite fille ».

La particule *li, ri, di* qu'on a vue plus haut sert aussi à former quelques adjectifs, comme *kpö-ndi* « chaud », *ñgya-ri* « rouge », etc.

11° **Particules verbales**. — *Bè* est une sorte de verbe signifiant

« être présent, se trouver à ou sur » : *kū bè nda* « j'ai faim, la faim est sur moi »; *kikèle bè kai mina* « cet homme a sommeil »; *a bè* « il est présent, il est là »; *a bè sañgya ro* « il est au village »; *so mu bè mu ñgya* « le jour que nous étions chez nous » (jour nous être présents notre maison).

Ce mot se place souvent en vaï devant un autre verbe, sans paraître apporter à ce dernier aucun changement de signification : *me ta na biro* ou *m bè ta na bè biro* « je vais me promener », *m bè ta mu ñgya* « je vais chez nous ». Cette particule s'emploie indifféremment au présent, au passé et au futur; on supprime souvent devant elle le pronom de la 1re personne du singulier : *so nani asuruna, bè ta mu ñgya* « il y a quatre jours aujourd'hui, je suis allé chez nous »; *tè nani asuruna bè ta mu ñgya* « dans quatre jours à partir d'aujourd'hui, j'irai chez moi » (1).

Kè s'emploie : 1° Pour marquer l'idée du futur : *na bila kè wama* « j'attraperai un otage »; on peut l'employer concurremment avec *bè* : *bè bila kè wama*;

2° Pour former des verbes intransitifs, comme *ki-kè* « dormir », *mi-kè* « boire (sans complément), boire quelque chose », *kū-kè* « voler piller » (2), etc. Avec un complément autre qu'un nom de personne ou un pronom, on emploie les formes *mi, kū* : *gyi mi* « boire de l'eau », *gyafeñ kū* « voler de l'argent »; mais on dira : *u kūkè nda* « il m'a volé ».

Mu signifie proprement « avoir, posséder », mais tient lieu du verbe « être » suivi d'un attribut : l'attribut devient sujet, le sujet devient régime et se place après *mu* : *Vai-mū muya baa Gberese-mū mu ya?* « es-tu Vaï ou Gbéressé? »; *Vai-mū mu nda* « je suis Vaï »; *sañgya mañgya mu kai mina* « cet homme est le chef du village ».

Ma sert à exprimer l'idée de négation : *a ma ñi* « ce n'est pas bon », *a ma m pawa* « il ne m'a pas payé » (3).

12° **Particules diverses.** — *A* signifie « de », avec le sens du latin *ex* ou de l'anglais *from* : *m bo a gyakolo* « je viens de la maison », *a bo a sondo* « il vient des champs », *m bo a sañgya ro* « je viens du village » (de dans le village).

A se place aussi devant un infinitif, avec le sens de « pour » : *ñko gyimbi a mi* « donne-moi un peu d'eau pour boire ».

---

(1) *So* indique un jour passé, *tè* un jour à venir.

(2) Comparez en dyoula : *domo-ni-ke* « manger quelque chose », *sunya-li-ke* « voler quelque chose ».

(3) Je n'ai pas trouvé trace en vaï de la particule verbale *ka* ou *kya*, ni de la particule négative *tè*, en usage chez les Bamana, les Malinké et les Dyoula.

Mina signifie « où ? » : *i ta mina?* « où vas-tu ? » ; *i bo a mina ?*
« d'où viens-tu ? ». C'est aussi un démonstratif : *kai mina* « cet
homme » *fiñ minu* ; « cette chose ».

Nie et *wé* signifient « ici » : *na nie, na wé* « viens ici ».

Lo et *ro*, qu'on a déjà vu dans les particules servant à former les
noms, signifie « dans » et se place après son complément.

Baa veut dire « ou, ou bien » ; — *i* « si » (conditionnel) : *i a ma
m pawa* « s'il ne me paie pas » ; — *e* « que » (entre deux phrases) :
i ta fo na kpamõ e... « va dire à mon débiteur que... » ; — *ñé* « pas
du tout » : *ma fen do ñé* « je ne mange rien du tout ».

13° Ordre des mots. — Le rapport de possession, d'origine, de
matière, etc., s'exprime par une simple juxtaposition, en mettant
le premier le nom du possesseur, du lieu d'origine, de la matière,
etc. : *Nzo Sando duma* « la chemise de Nzo Sando », *sañgya mañgya* « le chef du village », *yeli gbundu* « le toit de la hutte », *Wa-
koro mõ* « les gens de Cape-Mount », *kani diñ* « un anneau d'or »,
gbu sin « pierre à fusil », etc.

L'adjectif se place après le substantif : *mo sire* « un homme riche »,
Kpólo-Kpéma « une Peau-Blanche, un Européen », *mõ fima* « un
nègre », *gyi ba* « une grande rivière », *gyi kpañdi* « de l'eau
chaude », etc.

La proposition verbale se construit comme suit :

1° Le sujet ;

2° La négation *ma* ou la particule *bé*, s'il y a lieu ;

3° Le régime direct, s'il est simple ;

4 La particule du futur *ké*, s'il y a lieu ;

5° Le verbe ;

6° Les régimes indirects ou circonstanciels.

Exemples : *i ta fé* « allume le feu » (toi feu allumer) ; *i a ma m
pawa* « s'il ne me paie pas » (si lui non moi payer) ; *na fen do* « je
mange » (moi chose manger) : *me ta fin do* « je vais manger quelque chose » (moi aller chose manger) ; *me ta domfin ta* « je vais faire
cuire le manger » (moi aller aliment cuire) ; *kana si duma* « pose la
caisse à terre » (caisse pose terre) ; *i Vèu fo?* « parles-tu Vaï ? » (toi
langue-vaï parler) ; *m bé bila ké mama* « j'attraperai un otage » (moi
être otage pour attraper), etc.

Exceptions : 1° Les formes pronominales *nda, ya, ara* se placent
après le verbe : *kõakëmõ a kãkè nda* « le voleur m'a volé », exactement « a volé chez moi » :

2° Le complément des particules *bé* et *mu*, employées comme verbes, se place après ces particules (voir plus haut) ;

3° Le verbe *ñko* « donner » veut son régime direct après lui : *ñko miyé* « donne le couteau », *ñko gyi mbi* « donne-moi un peu d'eau ».

14° **Accentuation.** — L'accent tonique n'existe pas à proprement parler en vaï; on doit seulement faire attention de ne jamais accentuer les particules. Mais il y a des longues et des brèves qui se font largement sentir, et de plus une intonation spéciale et assez curieuse, qu'il est impossible de définir exactement, et qui consiste le plus généralement à prononcer la dernière syllabe de chaque proposition sur un ton plus aigu que les autres, et la syllabe finale de la phrase au contraire sur un ton plus bas que le ton général. Cette sorte de chant est sensible surtout dans la conversation des femmes.

III. — L'ALPHABET VAÏ

1° L'usage d'un alphabet indigène fait la véritable originalité des Vaï. — Je ne crois pas, en effet, qu'il existe en Afrique un autre peuple *de race nègre* possédant une écriture véritable. S'il en existe, personne en Europe n'en a eu connaissance encore.

Les Dahoméens possèdent bien une sorte de système hiéroglyphique ou symbolique au moyen duquel ils avaient relaté sur les murs de quelques palais, à Abomé et à Cana, les fastes de leur histoire, mais on ne peut considérer ces symboles comme constituant un alphabet : c'est plutôt une suite de tableaux en relief, plus ou moins grossiers, rappelant les faits qu'ils représentent. On en trouve ainsi un peu dans toute l'Afrique, notamment dans l'Afrique méridionale. J'en ai observé moi-même un certain nombre dans le Baoulé, sur les murs des cases, sur les cercueils, représentant tantôt des faits imaginaires, tantôt des événements qui se sont réellement passés. Mais nulle part ces symboles ne semblent être employés par les indigènes pour se communiquer les uns aux autres leurs pensées; nulle part en tout cas ils ne constituent un système d'écriture proprement dit.

Au contraire les Vaï possèdent un alphabet véritable, au moyen duquel il est possible de confier au papier des idées quelconques, même les plus abstraites, et non seulement dans la langue vaï, mais aussi dans les divers dialectes de la famille mandé et même dans un grand nombre d'autres langues, bien qu'en fait cet alphabet ne soit usité que chez les Vaï et seulement pour la transcription de leur dialecte.

Cet alphabet est un *alphabet syllabique*, ce qui contribue encore à augmenter son originalité : c'est en effet le seul alphabet syllabique existant en Afrique, et il faut se transporter dans l'est de l'Asie ou en Amérique pour rencontrer quelquessystèmes d'écriture analogues.

Comme tous les alphabets syllabiques, il est d'un emploi assez difficile, à cause du grand nombre de ses caractères : on en compte 226 d'un usage général à l'époque actuelle. De plus beaucoup de ces caractères sont d'une forme assez compliquée et on ne peut les tracer rapidement. Cet alphabet ne conviendrait certainement pas à une nation « dans le mouvement », mais il est très suffisant pour le genre d'esprit et de civilisation des Vaï.

Enfin, comme il n'existe point d'imprimeries, les caractères, surtout ceux dont l'usage est le moins fréquent, sont exposés à des déformations provenant du tour de main des individus qui les tracent ou de leur défaut de mémoire : aussi on a souvent pour un même caractère plusieurs formes assez différentes les unes des autres, au moins au premier aspect, et usitées concurremment. Nous avons d'ailleurs la même chose chez nous, et la même lettre de notre écriture dite anglaise présente souvent des formes très différentes, suivant qu'elle a été tracée par tel ou tel individu.

Sauf quelques exceptions, il ne semble y avoir aucune analogie entre les divers caractères dans lesquels le son-consonne est le même, les sons-voyelles seuls étant différents, au contraire de ce qui se rencontre dans plusieurs écritures syllabiques, en particulier celle des Chippeways de l'Amérique du Nord. Par contre certains caractères représentant des sons entièrement dissemblables ont entre eux une grande analogie et ne diffèrent souvent que par un jambage, un trait, un point. Ainsi les caractères *ka, kè, ke, ki, ko, ku, kŭ* n'ont entre eux aucun air de ressemblance (1), mais par contre *ka* ressemble étonnamment à *kpu, kè* à *fô* et à *ta, ki* à *ñgi, ko* à *tó, ku* à *ñgo* et à *ma*. Quelquefois pourtant on emploie, pour exprimer des sons voisins, de simples modifications d'un même caractère : voyez par exemple *ñgi* long et *ñgi* bref, *ñgo* long et *ñgo* bref, *gyo* et *gyŏ, he* et *hi* long, *nè* et *ne, sa, să, za* et *ză, te* et *ti, va* et *vă, vi* et *vṳ*, etc.

Une autre remarque nécessaire est que, bien que considérable, le nombre des caractères est inférieur à celui des sons syllabiques de la langue parlée. Aussi le même caractère peut servir à repré-

____

(1) Voir le tableau de l'alphabet à la fin de cette étude.

senter des syllabes différentes; cela arrive surtout pour les syllabes qui peuvent sans inconvénient se substituer l'une à l'autre dans la langue parlée : ainsi *bu* et *gbu*, *mè* et *me*, etc., se représentent par le même caractère. (Voir à ce sujet ce que j'ai dit plus haut au sujet des permutations de voyelles et de consonnes.)

Enfin certains sons, commençant par un *m*, *n*, *ñ* ou *hn* de renforcement qui se place dans la prononciation en avant d'une autre consonne simple ou composée, s'expriment en écriture par le caractère syllabique simple précédé d'un autre caractère qui — *seul dans tout l'alphabet* — n'est pas syllabique, et qui représente une articulation assez indéterminée produite à la fois par la gorge et le nez. Ainsi *ñgya* se transcrira au moyen de ce caractère (*ñ*) suivi du caractère *gya*. Ce caractère consonantique (*m*, *n*, *ñ* ou *hn*) est d'un emploi très fréquent.

2° **Études et publications européennes concernant l'alphabet vaï.** — L'alphabet vaï fut révélé pour la première fois à l'Europe par un officier américain, le lieutenant F. E. FORBES, qui recueillit en 1848 et 1849 quelques inscriptions et manuscrits près de Cape-Mount, et publia le résultat de ses découvertes, avec l'aide du missionnaire Edwin NORRIS, sous ce titre : *Despatch communicating the discovery of a native written character at Bohmar(1), on the Western Coast of Africa, near Liberia, accompanied by a Vocabulary of the Vahie or Vei language and alphabet* (London, 1849, in-8). E. Forbes publia également à un petit nombre d'exemplaires autographiés (London, 1851) quelques spécimens d'écriture vaï qui lui avaient été communiqués par un nommé Mormorro Dualoo Wohgnae(2), neveu du chef de Sougoury(3).

Le Révérend S. W. KOELLE, bien connu par son *Polyglotta Africana* et ses nombreux ouvrages sur diverses langues africaines, a publié également deux volumes qui traitent de la langue et de l'alphabet vaï, d'après les travaux de Forbes et de Norris. Le premier a pour titre : *Narrative of an expedition into the Vy country of West Africa and the discovery of a system of syllabic writing recently invented by the natives of the Vy tribe* (London, 1849, in-8).

---

(1) J'ignore quelle est la localité désignée par Forbes sous le nom de Bohmar mais, d'après tous les renseignements qu'il donne, elle doit être située très près de Grand-Cape-Mount.

(2) Je transcris le nom de cet homme tel qu'il est orthographié par Forbes; il faut lire sans doute : Mahmoudou Doualou Wognyaï, *Mamudu Duwalu Wonyai*.

(3) Sougoury ou Sougary est un village vaï situé sur la lagune du même nom, près de la mer, à quelques kilomètres au nord de Grand-Cape-Mount.

Le second est intitulé : *Outlines of a Grammar of the Vei language, together with a Vei-English vocabulary and an account of the discovery and nature of the Vei mode of syllabic writing* (London, 1854, in-8) (1).

Depuis cette dernière publication, je ne crois pas que rien ait été publié sur l'alphabet vaï. Il est à noter en outre que Koelle n'a pas étudié le vaï sur place, et n'a composé ses ouvrages que d'après les documents rapportés par Forbes et quelques Vaï rencontrés à Freetown.

3° **Origine et ancienneté de cet alphabet.** — D'après Forbes (*op. cit.*), dont l'assertion a été rééditée par Koelle, l'alphabet vaï aurait été inventé vers 1829 ou 1839 par huit indigènes vaï dont il donne les noms, tels qu'il les a appris de la bouche des gens de Cape-Mount. Voici ces noms, avec l'orthographe de Forbes révisée par Norris : *Duadu Keragai, Fange Sagbo, Duadu Bukera, Ngrolo Ulo, Duadu Tami, Bai Bise, Ganama, Kai-Folo.* Je ne sais si ces noms, comme le prétend Forbes, étaient populaires parmi les Vaï en 1849, lors du voyage du lieutenant américain, mais ils semblent totalement inconnus aux Vaï de la génération actuelle, même aux vieillards. J'ai des raisons de croire que ces huit hommes, dont les noms d'ailleurs sont défigurés, étaient, non les inventeurs des alphabets, mais tout uniquement les auteurs des quelques pages manuscrites montrées à Forbes par les indigènes, peut-être aussi des sortes d'instituteurs, de professeurs d'écriture.

Quant à la date de l'invention de cet alphabet, je la crois beaucoup plus ancienne. J'ai interrogé à cet égard plusieurs Vaï lettrés et tous m'ont dit que l'on ignorait à quelle époque précise remontait cet alphabet, mais que sûrement il remontait à deux siècles au moins et probablement à un temps beaucoup plus éloigné : nous sommes loin, comme on voit, de la date 1829-1839 indiquée par Forbes.

Il n'est pas sûr même que cet alphabet ait été inventé par les Vaï eux-mêmes. J'ai entendu dire par quelques indigènes qu'il leur était venu de la région montagneuse des sources du Niger, dont le versant sud est habité aujourd'hui par des Vaï mélangés de Mandé

____

(1) Ces deux opuscules de Koelle, avec le mémoire de Forbes et Norris, le vocabulaire vaï qui se trouve dans le *Polyglotta Africana* et les ouvrages sur les langues mandé du Dr Steinthal et du capitaine Rambaud (mentionnés aux notes de la p. 112) constituent, à ma connaissance, toutes les publications parues jusqu'à ce jour ayant plus ou moins directement trait à la langue vaï. Aucun de ces auteurs, sauf Forbes, n'a étudié le vaï sur place.

du Kouranko et de Kissi, et le versant nord par des Mandé du Kouranko. J'ignore si un alphabet analogue a été ou est en usage parmi les populations de cette région, mais je ne le crois pas, car tous les gens du Kouranko et tous les Mandé, autres que les Vaï, que j'ai rencontrés, ne connaissaient pas d'autre écriture que l'écriture arabe.

Forbes commet encore une grave erreur lorsqu'il laisse entendre que cet alphabet n'était déjà plus en usage en 1849 et qu'on n'en trouvait que des traces, sous formes d'inscriptions et de manuscrits. Selon lui, cet alphabet n'aurait donc vécu que dix ans, vingt ans au plus. Dès l'abord, cette supposition est invraisemblable; comment un alphabet, brusquement inventé par huit hommes au milieu d'une population illettrée, aurait-il pu prendre un développement si rapide et si considérable, au point que, d'après Forbes lui-même, des écoles auraient été fondées partout pour l'enseigner et que la plus grande partie des indigènes seraient devenus lettrés au bout de quelques années? comment ensuite, par suite de « l'anarchie jetée dans le pays par les Espagnols de Gallinas, jaloux de cette civilisation indigène » (?), cet alphabet aurait-il aussi brusquement cessé d'être en usage, au point de passer à l'état de souvenir?

La vérité est que Forbes, qui n'a d'ailleurs passé que peu de temps à la côte vaï, ignorait la langue vaï et les mœurs africaines; il devait avoir comme interprète et comme guide un de ces noirs dits « civilisés », venus d'Amérique, et qui, précisément à cette époque (1848), se déclaraient État libre et indépendant sous le nom de République de Libéria. Capables de parler — très incorrectement d'ailleurs — la langue des indigènes sur le territoire desquels ils se sont établis, ils peuvent passer aux yeux de l'étranger pour bien connaître ces indigènes; au fond, ils les ignorent profondément, parce que, par mépris imbécile, ils ne veulent pas se donner la peine de les comprendre, et aussi parce qu'ils en seraient en général fort incapables. Mais ils affectent de connaître les langues et les traditions des indigènes mieux que ces derniers, et accablent d'histoires la plupart du temps forgées par eux l'Européen qu'ils voient s'intéresser aux questions d'ethnographie : là — comme partout ailleurs — le noir dit « civilisé », le Libérien, est une plaie dont il faut se soigneusement garder.

De plus Forbes n'a visité que quelques villages de la côte: or, dans toute l'Afrique, les villages de la côte ne peuvent en aucune façon donner une idée des civilisations indigènes, à cause des influences européennes qui s'y font trop directement sentir. Il est fort possible que, vers 1847, à la suite de quelques expéditions d'Espagnols marchands d'esclaves, les villages de la région Manoh — Grand-Cape-Mount aient été dévastés ou abandonnés et que les nécessités de la guerre y aient fait délaisser pendant quelques années l'art d'écrire. Mais ce qui est certain, c'est que l'alphabet vaï est en usage actuellement dans tous les pays où se trouvent des Vaï, depuis les sources du Niger jusqu'à la mer et depuis Monrovia jusqu'à Sherbro.

4° **Diffusion, usage et enseignement de l'écriture vaï.** — Loin d'aller en décroissant, le nombre des gens sachant lire et écrire ne fait chaque année qu'augmenter. Presque tous les hommes libres, beaucoup d'enfants et un certain nombre de femmes sont lettrés. L'écriture vaï est loin d'être, comme le prétendait Forbes, une écriture morte.

Beaucoup de Vaï musulmans connaissent, outre leur alphabet, l'écriture arabe ; mais il est à remarquer qu'ils n'emploient pas indifféremment l'un ou l'autre système d'écriture. L'écriture arabe leur sert uniquement pour copier des livres arabes, pour transcrire des formules de prière ou des fragments du Coran, pour composer des talismans, et aussi pour correspondre avec des musulmans appartenant à d'autres tribus. A noter également que, lorsqu'ils usent de l'écriture arabe, ils écrivent *en langue arabe*, comme d'ailleurs, je crois, tous les nègres musulmans: pour ma part, je n'ai jamais vu un musulman mandé écrire à l'aide de l'alphabet arabe un texte en langue mandé ; on ne trouve dans leurs écrits, en fait de mots indigènes, que des noms propres et quelquefois des noms d'animaux, de plantes ou d'objets qui n'ont pas leur équivalent en arabe.

Quant à l'alphabet vaï, on l'emploie surtout pour les affaires commerciales, la tenue des livres et la correspondance entre Vaï. Presque tous les indigènes ont sur eux un carnet, où ils notent en vaï leurs achats et leurs ventes, faisant chaque jour ou chaque semaine la balance ; d'autres tiennent régulièrement le livre de leurs dettes et de leurs créances. Beaucoup s'écrivent des lettres, soit pour s'informer de leur famille et donner de leurs nouvelles, soit pour se fixer des rendez-vous, traiter des affaires par correspondance. J'ai connu un Vaï qui, emmené en Amérique par des missionnaires, envoyait régulièrement à sa mère de longues lettres en écriture vaï. Plusieurs Vaï, en voyages d'affaires à Sierra-Leone, à Cape-Palmas, à Axim, ou sur quelque autre point de la

Côte, adressent à leurs amis de Monrovia ou de Cape-Mount des lettres entièrement écrites en vaï, sauf la suscription de l'enveloppe, qu'ils prient un Européen ou un noir européanisé de leur rédiger.

Me rendant de Monrovia à Grand-Bassam sur le vapeur anglais *Mandingo*, j'ai trouvé à bord un Vaï qui allait à Axim pour y placer deux jeunes femmes dans une maison hospitalière ; il faut dire que ce genre de commerce n'est pas déshonorant du tout, selon les principes de la morale indigène. Ce Vaï écrivait très couramment et même élégamment sa langue. A chaque station, je le voyais prendre des notes sur un carnet ; avant d'arriver à Grand-Bassam, je lui demandai de me montrer son carnet : c'était un vrai journal de route, mentionnant le nom de chacune des escales, le genre de produits qui y avaient été embarqués ou débarqués, avec des observations sur l'état de la mer, la nature des différents pays entrevus et de leurs habitants, quelques réflexions sur la perte récente d'un steamer allemand dont nous avions vu les débris à Cape-Palmas, etc. Ce carnet me rappelait étrangement ces vieilles relations de voyages nautiques à la Côte africaine, écrites par nos marins des siècles passés.

L'alphabet vaï est encore employé pour conserver par écrit des contes populaires, des fables, des légendes : on a ainsi une véritable littérature vaï qui s'enrichit çà et là des imaginations des conteurs nouveaux. Cependant cet emploi particulier de l'écriture est fort peu répandu.

Comme je le disais plus haut, on n'emploie pour la rédaction des ouvrages religieux que la langue et l'écriture arabes.

A part quelques Mandé venus du nord qui se sont établis chez les Vaï, très peu d'étrangers connaissent l'écriture vaï, qui ne s'emploie pas pour une autre langue que la langue vaï. Les Vaï n'aiment pas enseigner leur alphabet aux autres peuples. Mais les Vaï établis en pays étranger, comme les Vaï de Monrovia, ont conservé l'usage de leur écriture.

Il n'existe pas d'écoles à proprement parler. Le père qui sait écrire enseigne l'écriture à ses enfants ; souvent aussi un homme qui a la réputation de bien connaître l'écriture vaï voit un certain nombre de jeunes gens venir à lui et devient, à ses moments perdus, une sorte de professeur. Mais c'est surtout par la mutualité de l'enseignement que se propage la connaissance de l'alphabet : un Vaï qui ne sait pas lire et qui se trouve en compagnie d'un Vaï lettré lui demande continuellement de lui expliquer les caractères qui lui tombent sous les yeux, et peu à peu il apprend à son tour à lire et à écrire.

Il existe deux méthodes d'enseignement : l'une consiste à faire apprendre par cœur, en s'adressant à la fois à la mémoire des yeux et à celle des oreilles, une sorte d'alphabet ordonné d'une façon capricieuse et comprenant tous les caractères et tous les sons les plus usités (1) ; c'est la méthode théorique et abstraite. L'autre méthode, que l'on pourrait qualifier d'empirique, se borne à apprendre sans ordre à l'élève tous les caractères qui se présentent à l'esprit du professeur, en se servant de mots simples et d'un usage courant, souvent de noms propres, que l'élève retient facilement et qui aident sa mémoire.

Les caractères de l'alphabet vaï étant fort nombreux et quelques-uns d'entre eux représentant des syllabes d'un usage peu fréquent, il arrive qu'un certain nombre de Vaï, réputés comme sachant lire et écrire, ne connaissent pas cependant tous les caractères. Il arrive aussi que le même mot est écrit de façons différentes par diverses personnes, soit que ce mot puisse dans la langue usuelle se prononcer de plusieurs manières, soit que l'orthographe du mot ne soit pas comprise de la même façon par tout le monde (2). Mais ces ignorances partielles et ces divergences n'empêchent pas les Vaï lettrés d'être à même de lire et de comprendre le premier texte vaï venu.

On se sert communément pour écrire de papier d'importation européenne, et de crayons ou de plumes métalliques ; mais, surtout dans l'intérieur, les plumes les plus employées sont faites d'un roseau, comme les *qalam* arabes. Quant à l'encre, elle est fabriquée par les indigènes à l'aide des feuilles et des fleurs d'un arbre dont j'ignore le nom scientifique.

Le vaï s'écrit de gauche à droite et de haut en bas, comme le français.

5° **Transformations subies par les caractères de l'alphabet vaï depuis son origine.** — L'alphabet vaï primitif devait révéler sans doute son origine par la forme de ses caractères ; il est probablement qu'il était assez différent de l'alphabet actuellement en usage : mais, jusqu'au jour où peut-être on découvrira quelque manuscrit fort ancien, nous ne pouvons que former des conjectures à cet égard.

(1) Cette sorte d'abécédaire est connu sous le nom de *Agyamana*.

(2) Ainsi *dondo* « un » sera écrit par les uns à l'aide de deux caractères (*do-ndo*) et par d'autres à l'aide de trois (*do-n-do*) ; les uns écriront *gba-su* « nimnioc », les autres *ba-su* ; les uns *mu-su*, les autres *mu-so*, etc. Cependant les divergences se rencontrent assez rarement dans les mots d'un usage courant.

Ce qui est certain et facilement démontrable, grâce aux spécimens rapportés et publiés par Forbes, c'est que l'alphabet vaï s'est modifié de façon assez notable depuis un demi-siècle. J'ai pu m'en rendre compte dès la première fois que j'ai eu sous les yeux un manuscrit vaï contemporain. J'ai alors montré à des indigènes lettrés les spécimens publiés par Forbes ; ils ont pu les lire, avec une certaine difficulté, il est vrai, mais m'ont dit : « C'est de l'écriture ancienne : on écrivait ainsi autrefois, mais actuellement beaucoup de ces caractères ne sont plus en usage ou se forment d'une façon différente ; nous pouvons lire cette écriture parce que nos grands-pères s'en servaient et que nos pères la connaissaient, mais les jeunes gens de maintenant ne pourraient pas la lire, même ceux qui lisent et écrivent couramment. »

On pourra, grâce au tableau qui termine cette étude, comparer l'alphabet qui était en usage dans la première moitié de ce siècle avec l'alphabet actuel. On verra que plusieurs caractères anciens ont disparu et que quelques caractères nouveaux ont été créés ; que le plus grand nombre des caractères actuels qui diffèrent au premier abord des caractères anciens ne sont autres que ces derniers, légèrement modifiés, quelquefois simplement renversés ou retournés ; qu'enfin la forme générale des caractères de l'alphabet actuel est plus aisée à tracer, plus cursive, que celle des caractères anciens.

Cette transformation ne s'est pas évidemment opérée d'un seul coup, mais s'est faite peu à peu, amenée sans doute par l'usage de plus en plus fréquent et généralisé de l'écriture. Elle ne s'arrêtera pas à la forme actuelle, elle continuera sans cesse, jusqu'à ce que l'alphabet ait été fixé définitivement par l'imprimerie. De même que parmi nous, chaque Vaï lettré a son écriture à lui, et on peut reconnaître l'auteur d'un manuscrit à la manière dont est tracé tel ou tel caractère. Les gens qui ont peu l'habitude d'écrire s'appliquent davantage, cherchant à imiter de leur mieux les types traditionnels ; ceux qui écrivent beaucoup au contraire en prennent à leur aise avec la tradition, arrondissant les angles, supprimant des points, des lignes, des boucles, des jambages, couchant les caractères sur la ligne d'écriture, dotant les finales de fioritures purement ornementales. Je ne parle pas des ignorants et des écoliers, qui tracent des caractères hésitants, incomplets, souvent illisibles, sans compter les fautes d'orthographe qui émaillent leur texte.

6° **Originalité de l'alphabet vaï comparée aux autres alphabets en usage en Afrique.** — A ma connaissance, et en remontant aux plus loin-

taines périodes historiques, il existe onze alphabet différents qui
ont été ou sont encore employés en Afrique : les *hiéroglyphes phonétiques égyptiens* d'abord, puis les alphabets *égyptien* dit *démotique, phénicien, grec, copte, latin, hébreu, éthiopien, arabe, libyque*
ou *berbère* et enfin *vaï*.

Si l'on cherche à classer ces alphabets en groupant ensemble
ceux qui ont une origine commune ou des liens de parenté, quant
à la forme des caractères, on remarque que les huit premiers de ces
alphabets rentrent dans le même groupe (l'égyptien démotique dérivant des hiéroglyphes phonétiques, l'alphabet phénicien dérivant de
l'égyptien démotique, et les alphabets grec, copte, latin, hébreu et
éthiopien dérivant tous plus ou moins directement du phénicien).
Les trois derniers au contraire, l'alphabet arabe, l'alphabet berbère
et l'alphabet vaï, forment chacun un groupe à part, nettement différent tant du groupe cité plus haut que des deux autres. Dans ce
classement l'alphabet vaï forme donc un groupe à part, mais il par-
tage cette particularité avec l'alphabet arabe et l'alphabet berbère.

Si l'on classe ces alphabets au point de vue linguistique, on ob-
tient trois groupes :

1° Alphabet syllabique (vaï);

2° Alphabets ne possédant à proprement parler que des consonnes,
les voyelles étant, soit sous-entendues, soit figurées par de petits
signes placés au-dessus ou au-dessous des caractères (1), soit, quand
elles sont longues, indiquées par une consonne de nature analogue
ou quelquefois un caractère spécial (égyptien, phénicien, hébreu,
éthiopien, arabe, berbère);

3° Alphabets figurant toutes les lettres, voyelles et consonnes
(grec, copte, latin).

Dans ce classement encore l'alphabet vaï forme un groupe à
part, mais cette fois il est seul.

Enfin, si nous exceptons les alphabets égyptiens, — qui semblent
bien avoir été inventés en Afrique, mais dans un pays très voisin
de l'Asie et par un peuple très probablement originaire de l'Asie
et en relations permanentes avec ce continent, — nous remarque-
rons que tous les alphabets usités en Afrique depuis les temps les
plus reculés ont été importés soit directement de l'Asie (comme les
alphabets phénicien, hébreu, éthiopien [ancien alphabet himiarite],
arabe), soit de l'Europe (comme les alphabets grec et latin (2), dé-

---

(1) Ou accolés à eux, comme dans l'écriture éthiopienne.
(2) L'alphabet copte n'est qu'une modification de l'alphabet grec.

rivant eux-mêmes d'alphabets asiatiques), à l'exception des deux alphabets berbère et vaï.

L'alphabet berbère cependant a été créé par un peuple dont l'origine asiatique est probable, et qui en tout cas appartient à la race blanche.

L'alphabet vaï reste donc, de tous ces alphabets, le seul qui ait été inventé par un peuple de race purement africaine, par un peuple de race nègre.

De ces différentes considérations et comparaisons, nous pouvons maintenant déduire les trois caractères principaux qui déterminent l'originalité de l'alphabet vaï :

1° Il ne dérive d'aucun autre alphabet connu en Afrique (caractère commun également à l'alphabet arabe et à l'alphabet berbère);

2° Il est le seul alphabet syllabique connu en Afrique ;

3° Il est le seul alphabet connu en Afrique ayant été inventé par un peuple de race nègre.

Les alphabets usités en Afrique qui, par la forme de certains caractères, se rapprocheraient le plus de l'alphabet vaï, sont l'alphabet gréco-latin et l'alphabet libyque ou berbère, en usage encore aujourd'hui parmi les Touareg. La forme générale des lettres de ce dernier alphabet, prise dans son ensemble, a plus d'un rapport avec la forme générale des caractères vaï. Mais ce n'est là, il me semble, qu'une ressemblance purement extérieure et fortuite, et d'où l'on ne pourrait conclure à une parenté ni à une communauté d'origine, les 226 caractères syllabiques de l'alphabet vaï ne pouvant vraisemblablement dériver des 25 caractères consonantiques de l'alphabet berbère, et ce dernier d'autre part, qui existait déjà au temps d'Hérodote, ne pouvant pas apparemment dériver de l'alphabet vaï, dont la date d'invention, bien qu'inconnue, me semble devoir être de beaucoup moins ancienne.

A noter cependant l'analogie de la lettre berbère *th* avec le caractère vaï *tö*, de la lettre *dz* avec le caractère *gya* (les noirs transcrivent en arabe par un *dzal* l'articulation du *g* mouillé), de la lettre *t* avec le caractère *tu*, de la lettre *n* avec le caractère *na*, de la lettre *l* avec le caractère *la*, de la lettre *b* avec le caractère *ba*.

Mais d'autre part on a en berbère et en vaï des caractères de forme identique ayant des significations très différentes dans les deux alphabets. Ainsi le même caractère se lit *k* en berbère et *lè* en vaï, un autre *q* en berbère et *se* en vaï, un autre *s* en berbère et *kü* en vaï, un autre *s* en berbère et *mbo* en vaï, un autre *r* en berbère

et *tă* en vaï, un autre *r* en berbère et *kpo* en vaï, un autre *t* en
berbère et *ñgbe* en vaï (1).

Les analogies qu'on a vues plus haut, comme les différences
qu'on vient de voir, sont donc toutes fortuites et ne prouvent rien,
sinon que, comme je le disais plus haut, l'alphabet berbère est celui
qui, par la forme générale dont sont façonnés ses caractères, rappelant des figures géométriques, composés de droites, d'angles, de
points, se rapproche le plus de l'alphabet vaï et surtout des formes
paraissant les plus anciennes de cet alphabet.

On rencontre un plus grand nombre encore d'analogies — de
forme seulement — entre certains caractères vaï et plusieurs lettres, majuscules surtout, de l'alphabet latin et grec, et quelques-uns
des chiffres usités en Europe (2).

Ainsi on trouve en vaï les caractères suivants, la plupart du
temps fort peu modifiés :

Caractère		Représente
Δ (delta grec)	qui représente	*kpa*
η (η grec ou *n* italique)	—	*ñgă*
ψ (ψ grec)	—	*ta*
id. (souligné d'une barre)	—	*kè*
ε (ε grec ou 3 renversé)	—	*pe*
B	—	*gbu*
E (les trois barres égales)	—	*tö*
id. (légèrement incurvé)	—	*ko*
H	—	*ă*
I	—	*nu*
K	—	*ñgi*
N (renversé)	—	*no*
O	—	*tă*
S (renversé)	—	*po*
T	—	*kpe*
Z	—	*kpu*
z	—	*ka*
5	—	*mbe*
6	—	*ki*
8	—	*su*
11	—	*de*

(1) Voir ces caractères au Tableau I, à la fin de cette étude.

(2) Il est à noter qu'il existe pas de signe en vaï pour représenter les chiffres :
on emploie les chiffres en usage en Europe ou on écrit les nombres en toutes
lettres.

Deux **2** accouplés   représentent *ħo*
— **3** —   —   *so* long
Un **2** suivi de trois points —   *tu*

Dans l'alphabet ancien on a en outre :

φ (ç grec) qui représente *si*
K   —   *be*
Λ   —   *kpu*
Ρ   —   *mbe*
X   *ɲbe*
2   ...   *be*
5   —   *fa*
3 (avec une sorte de parenthèse) représentant *zi*
4   —   —   *zi*

On rencontre encore quelques autres analogies de forme, mais plus éloignées.

Peut-être pourrait-on conclure de là que les inventeurs de l'écriture vaï possédaient quelque livre ou manuscrit d'origine européenne, et qu'ils s'en sont inspirés pour composer leur alphabet : cela n'aurait rien d'invraisemblable. Il est assez naturel de penser que ces gens, ignorant l'art d'écrire, et persuadés, selon la tradition qui règne dans tous les pays nègres, que la supériorité des blancs vient de ce qu'ils peuvent figurer leurs pensées sur le papier, aient voulu doter leurs compatriotes d'une connaissance aussi utile; l'islamisme n'ayant sans doute pas encore, à cette époque, pénétré parmi eux, ils ne savaient pas qu'il y eût d'autre système d'écriture que celui qu'ils voyaient employer par les quelques voyageurs européens de la côte, et on peut supposer qu'ils se sont guidés sur des manuscrits et des imprimés d'origine européenne (1).

Il est manifeste d'ailleurs qu'ils ne connaissaient pas la valeur des caractères qu'ils ont adoptés et imités, puisque H est devenu ŏ,

(1) Je dis « manuscrits » à cause des nombreux caractères vaï renfermant des boucles, des bâtons et des crochets; je dis « imprimés » à cause des caractères vaï analogues à nos caractères majuscules d'impression : ceci prouverait que l'invention de l'alphabet veï fut postérieure à la découverte de l'imprimerie : il est d'ailleurs peu probable que les Vaï aient pu avoir un écrit quelconque de provenance européenne entre les mains avant la fin du xv° siècle. D'autre part, l'alphabet vaï a été créé sûrement avant l'introduction de l'islamisme dans l'Afrique occidentale, sans quoi les Vaï auraient, comme les autres nègres musulmans, adopté la langue et l'écriture arabes pour leurs besoins commerciaux et leur correspondance. Cela permet de préciser une date : l'alphabet vaï a dû être inventé au début du xvi° siècle, au moment où la découverte de l'Amérique provoquait les premières expéditions des marchands d'esclaves à la côte d'Afrique.

Z *kpu*, etc., et qu'ils n'avaient même aucune idée de ce qu'est notre système d'écriture, puisqu'au lieu de créer un alphabet de 25 lettres environ comme le nôtre, ils ont composé un alphabet syllabique de plus de 200 caractères. Il est vrai que, si l'écriture syllabique est d'un usage plus compliqué, elle vient plus facilement à l'idée d'un primitif, qui prononce des syllabes sans songer à les analyser en voyelles et en consonnes.

Peut-être aussi ne faut-il voir dans les analogies énumérées plus haut qu'un effet du hasard, auquel cas l'alphabet vaï pourrait avoir été inventé de toutes pièces par ses créateurs. L'une et l'autre opinion peuvent se soutenir.

TABLEAU I

Analogies entre quelques caractéres des alphabets berbére et vaï.

CARACTÈRES BERBÈRES		CARACTÈRES VAÏ	
Ǝ	th	E	tö
✳	dz	✱	gya
+	t	Ψ	la
+	t	+	ngbe
I	n	/	na
II	l	⊩	la
▥	b	⬚	ba
⋰	k	∴	lè
⋯	q	•••	se
⊙	s	⊙	ku
⊡	s	▱	mbo
▢	r	▱	kpo
○	r	○	ta

TABLEAU II

Alphabet vai.

(Les caractères anciens sont donnés d'après Forber, les caractères actuels d'après mes études personnelles.)

(Lorsque le même caractère revêt des formes différentes, elles sont séparées l'une de l'autre par une virgule.)

CARACTÈRES ANCIENS (1848)	CARACTÈRES ACTUELS (1898)	VALEUR DES CARACTÈRES	CARACTÈRES ANCIENS (1898)	CARACTÈRES ACTUELS (1898)	VALEUR DES CARACTÈRES
		1° Syllabes vocaliques —			ké
					ke
		a			kě
		ä			ki, ki, kyi
		e			ki, kyī
		e			ko, kò
		ē			kō
		i			ku, kò
		ī			kū
		ō, ū			kya, kyä
		2° Syllabes gutturales —			kye, kyé
		ku, kā			kyē

TABLEAU II (suite)

CARACTÈRES ANCIENS (1848)	CARACTÈRES ACTUELS (1898)	VALEUR DES CARACTÈRES	CARACTÈRES ANCIENS (1848)	CARACTÈRES ACTUELS (1898)	VALEUR DES CARACTÈRES
	[caractère]	kyo, kyo	[caractère]	[caractère]	ñgù (long
	[caractère]	kyö, kyü		[caractère]	ñgu, ñgü
[caractère]	[caractère]	kyo, kyu			
			[caractère]	[caractère]	gya, gyä
[caractère]	[caractère]	ga, gä	[caractère]	[caractère]	gyè
[caractère]	[caractère]	gè	[caractère]	[caractère]	gyè
[caractère]	[caractère]	ge, gi	[caractère]	[caractère]	gyi
	[caractère]	gē, gī	[caractère]	[caractère]	gyï, gyè
[caractère]	[caractère]	go, gò	[caractère]	[caractère]	gyò
	[caractère]	gö, gü	[caractère]	[caractère]	gyo, gyö
[caractère]	[caractère]	gu, gù		[caractère]	gyu
			[caractère]	[caractère]	gyö, gyü
[caractère]	[caractère]	ñga			
	[caractère]	ñgù		[caractère]	ñgye
[caractère]	[caractère]	id.		[caractère]	ñgyi
	[caractère]	ñgè			
[caractère]	[caractère]	nge			3e Syllabes dentales
	[caractère]	ñgè, ñgï			
	[caractère]	ñgi	[caractère]	[caractère]	ta
	[caractère]	ñgi (long)	[caractère]	[caractère]	id.
[caractère]	[caractère]	ñgò		[caractère]	tä
[caractère]	[caractère]	ñgo, ñgö	[caractère]	[caractère]	té

TABLEAU II (suite)

CARACTÈRES ANCIENS (1848)	CARACTÈRES ACTUELS (1898)	VALEUR DES CARACTÈRES	CARACTÈRES ANCIENS (1848)	CARACTÈRES ACTUELS (1898)	VALEUR DES CARACTÈRES
		te, tè			su
		ti			sù
		ti			se, sè, sè
		to			si
		lo, tó, tö			si
		tu, tü			sò
					so, só
		da, nda			sò (long)
		dä, ndä			su
		di			sù (long), sù
		de, dè			za
		di			zä
		dò, ndò			zè
		do, ndo			ze, zè
		dò, du			zi
		id.			zò
		dü, dö			zo, zó
					zu
		nde, ndè			zu
		ndi			
		ndo, ndu			

TABLEAU II (suite)

CARACTÈRES ANCIENS (1848)	CARACTÈRES ACTUELS (1898)	VALEUR DES CARACTÈRES	CARACTÈRES ANCIENS (1848)	CARACTÈRES ACTUELS (1898)	VALEUR DES CARACTÈRES
		4° Syllabes labiales			
		pa, pā			bā
		pe, pè			bè
		pē			be, bē
		pi			be, mbe
		pī (long)			bī
		pò			bi̱
		po, pu			bò
		pu			id.
					bo
		kpa, kpā			bó
		kpè			bö
		kpe			bu
		kpi			bū
		kpi̱			
		kpò			gba
		kpo, kpó			gbe, gbè
		kpõ, kpū			gbi
		kpu			id.
		id.			gbī, gbē
					gbo, gbò
		ba			gb gbu
		id.			

TABLEAU II (suite)

CARACTÈRES ANCIENS (1848)	CARACTÈRES ACTUELS (1898)	VALEUR DES CARACTÈRES	CARACTÈRES ANCIENS (1848)	CARACTÈRES ACTUELS (1898)	VALEUR DES CARACTÈRES
		ñgba			fö, fù
		ñgbe			fu
		ñgbi			
		ñgbo			va
					vä
		niba			vañ
		mbe, nibe			ve, vè
		mbẽ, mbĩ			vi
		nibi			vi̱
		mbu			vo, vò, vo
		nibo			
		mbò, nibù			vu
		inbu			
					wa
		fa			wä
		fe			wè
		fe			we
		fi			wi
		if (long)			wò, ò
		fo, fò			wo, wò, o
		fö			wu, u

TABLEAU II (*suite*)

CARACTÈRES ANCIENS (1848)	CARACTÈRES ACTUELS (1898)	VALEUR DES CARACTÈRES	CARACTÈRES ANCIENS (1848)	CARACTÈRES ACTUELS (1898)	VALEUR DES CARACTÈRES
		wï			ña, nã
					nè, ne
		ma, mã			nè
		me, me			ni
		mi			id.
		mò			nï (long)
		mo			no, nò
		mo, mu			nu, no
		mõ, mü			nü, nõ
		Syllabes liquides			6° Syllabes nasales
		la, ra			ña, ñya, ñyã
		lè, rè			ñe, ñye, ye
		le, re			ñi, ñyi
		li, ri			ñi, ñyi, yi
		lï, rï			ño, ñyo, yõ
		lo, ro, lò, rò			ñu, ñyu, yu
		id.			7° Syllabes spirantes
		id.			
		lñ, rõ, lû, rü			
		lu, ru, lo, ro			ha

TABLEAU II (*fin*)

CARACTÈRES ANCIENS (1848)	CARACTÈRES ACTUELS (1898)	VALEUR DES CARACTÈRES	CARACTÈRES ANCIENS (1848)	CARACTÈRES ACTUELS (1898)	VALEUR DES CARACTÈRES
[Vai]	[Vai]	ha fort		[Vai]	yo
[Vai]	[Vai]	he			
[Vai]	[Vai]	hi			9° Syllabe double.
	[Vai]	hi (long			
	[Vai]	hi		[Vai]	he-da
	[Vai]	hŏ			
[Vai]	[Vai]	ho			10° Caractère consonnantique.
	[Vai]	hu			
	[Vai]	hū	[Vai]	[Vai]	m', n', ñ', hn
					11° Ponctuation.
		8° Syllabes yodisantes		[Vai] , [Vai]	(virgule)
[Vai]	[Vai]	ya		[Vai]	(point - virgule)
[Vai]	[Vai]	yĕ, ye		....	(point)
[Vai]	[Vai]	ye, yi		[Vai]	(id.)

Spécimen d'écriture.

(Les 10 premiers nombres et la signature de l'écrivain : Ghaï-sama Sando.)

IMP. CAMIS ET C.ⁱᵉ, PARIS. — SECTION ORIENTALE A. BURDIN, ANGERS